초등 문해력을 키우는

인생 동화책

일러두기

- 외래어 표기는 국립국어원 원칙을 기본으로 삼되 작가명 등은 해당 단행본 표기를 따랐습니다.
- 책 제목은 『 』, 단편 동화와 시는 「 」, 잡지와 영화는 < >로 표기했으며 도서 발행 시기는 현재 유통되는 판본을 기준으로 삼았습니다.
- 본문에 등장하는 모든 작품의 서지정보는 '찾아보기(260쪽)'에 있습니다.
- 본문에 등장하는 아이들 이름은 모두 가명을 사용했습니다.

선생님이 직접 읽고 권하는 학년별·단계별 동화

초등 문해력을 키우는
인생 동화책

김진향·김현정·나윤주·박미정 지음

학교
도서관
저널

차례

들어가는 말 8

제1부 | 동화 읽기에 대하여

아이에게 동화를 권하는 이유 16

아이에게 권하고 싶은 동화 22

아이와 나누는 책 대화 26

우리 아이 책장 만들기 30

동화 읽는 어른으로 살아가기 34

제2부 | 저학년을 위한 동화

저학년의 책 읽기 40

1. 쉽고 재미있게 읽기

명랑한 어린이 탐험가를 위한 흥미진진한 모험 이야기 _『엘머의 모험 1』 44

만화경 속에 빛나는 여러 결의 마음 빛깔 _『아홉 살 하다』 49

매일 새 길을 개척하는 어린이 _『학교 가는 길을 개척할 거야』 54

어린이에게는 스스로 문제를 해결할 힘이 있어요 _『구름사다리로 모여라』 59

2. 책 읽는 맛 경험하기

외계인과 친구 되는 노아의 다락방으로 초대합니다 _『다락방 외계인』 65

고민과 걱정을 날려 보낼 상상의 힘 _『금두껍의 첫 수업』 70

중요하지 않은 건 까먹어도 괜찮아 _『까먹어도 될까요』 75

어린이도 도울 수 있어요 _『고양이 택시』 80

3. 내 생각 키우기

아이의 첫 마음을 이해해봐요 _『꼬마 너구리 요요』 86

꼭 내 것이 아니어도 괜찮아! _『노란 양동이』 91

몰입과 상상으로 빚어낸 아름다운 비행 _『할머니의 비행기』 97

제3부 | 중학년을 위한 동화

중학년의 책 읽기 104

1. 혼자서도 거뜬히 읽기

작은 목소리에도 귀를 기울여요 _『소곤소곤 회장』 108

두꺼비와 올빼미가 알려주는 '친구가 되는 비결' _『화요일의 두꺼비』 113

함께하면 더 멋진 하루가 된다 _『아빠랑 안 맞아!』 118

선택은 너에게 달렸어! _『책 읽는 고양이 서꽁치』 123

2. 머물고 생각하며 읽기

내 옆에 누가 있는지 떠올려봐요 - 『맹물 옆에 콩짱 옆에 깜돌이』 129

어린이의 기다림을 알아채는 따스한 시선 - 『금순이가 기다립니다』 134

'이해'라는 말의 무게 - 『도토리 사용 설명서』 139

백두산 일곱 봉우리를 넘나들며 벌이는 신들의 활약
- 『흑룡을 물리친 백두공주와 백 장수』 144

3. 한 걸음 더 나아가기

평범한 여럿이 힘 모아 만들어내는 기적 - 『신호등 특공대』 150

아이의 생각을 키우는 낯설고 서늘한 이야기 - 『지퍼백 아이』 155

당당하고 씩씩한 생쥐라서 괜찮아! - 『마녀를 잡아라』 160

제4부 | 고학년을 위한 동화

고학년의 책 읽기 168

1. 만만하고 즐거운 읽기

우리를 지지해주는 손가락 하나의 힘 - 『열세 살의 걷기 클럽』 172

옛이야기로 풀어가는 우리 판타지 동화 - 『루호』 177

세상에 '합동'인 사랑은 어디에도 없어 - 『사랑이 훅!』 182

스스로 답을 찾아가는 아이들 - 『미소의 여왕』 187

2. 깊게 생각하며 읽기

사색하며 내 마음을 깊이 들여다봐요 _『햄릿과 나』 193

충분히 슬퍼하고 천천히 이별해요 _『기소영의 친구들』 199

길은 하나가 아니야. 다른 길을 가도 괜찮아! _『아테나와 아레스』 204

세상을 향해 힘주어 내뱉는 어린이의 목소리 _『친애하고 존경하는』 209

3. 확장하는 책 읽기

비밀과 마법이 가득한 숲 그리고 아름다운 사랑 _『산적의 딸 로냐』 215

나만의 비단길을 찾아 떠나는 용기 _『나는 비단길로 간다』 220

친구와 함께라면 어디서든 달릴 수 있어! _『지붕을 달리는 아이들』 225

제5부 | 아이와 책 읽기, 궁금해요

책을 꼭 사서 읽어야 할까요? 232

학습만화도 많이 읽으면 도움 되지 않나요? 235

두껍고 글밥 많은 책, 어떻게 읽어야 할까요? 239

원작 읽기와 영화 보기, 어느 것부터 하는 게 좋을까요? 242

책 안 읽는 아이 어떻게 하나요? 246

부록1- 선생님이 아끼는 동화 249

부록2- 학년별 추천 도서 목록 257

찾아보기 260

들어가는 말

우리 아이가 단 한 권의 책을 읽는다면

요즘 아이들이 책을 읽지 않고 문해력이 부족하다는 걱정을 자주 듣습니다. 아닌 게 아니라 해가 갈수록 교실에서 '스스로 책 읽는 어린이'를 만나는 일이 어려워집니다. 하교 인사를 마친 후 아이들이 교실을 나서며 가장 먼저 하는 일은 스마트폰 전원 켜기지요. 주말에 어떻게 지냈는지 이야기를 나눌 때 가장 많이 하는 말이 "친구와 게임했어요"이고요. 흥미진진한 전자기기와 콘텐츠 사이에 책이 비집고 들어갈 틈은 없어 보입니다.

그럼에도 아이에게 책을 권하고 함께 읽으려는 노력은 계속되어야 합니다. '아이가 책 읽는 시간'이 얼마나 소중한지 우리는 잘 알고 있지요. 그렇기에 가정이나 학교에서 책 읽는 시간을 마련하려 애를 씁니다. 하지만 막상 아이가 읽는 책이 게임 잡지나 유명한 영상 콘텐츠를 엮어낸 도서, 학습만화에 머물 때가 많아요. 나날이 책 읽는 시간은 줄어드는데, 읽는 책의 종류와 수준은 그대로니 너무나 안타깝습니다.

어쩌다 찾아오는, 아이가 책을 읽는 그 귀한 순간에, 우리 아이 손에 어떤 책이 들려 있기를 바라나요? 학교 숙제로 '내가 가장 좋아하는 책'을 골라야 할 때, 우리 아이가 어떤 책을 품에 안으면 좋을까요? 현란한 영상과 게임 앞에 당당히 자리 잡고 아이 곁에서 힘이 되어줄 좋은 이야기는 어떤 게 있을까요?

우리는 오랫동안 이 질문의 답을 찾기 위해 애썼습니다. 아이가 해마다 '단 한 권의 책을 읽는다면?' 하고 생각해보았어요. 그러니 무엇 하나 허투루 할 수 없었습니다. 좋은 동화가 어떠해야 하는지, 좋은 동화로는 어떤 것들이 있는지, 우리의 선택이 잘못되지는 않았는지 끊임없이 묻고 대답해야 했어요. 이 책은 그런 어렵고 긴 시간을 거쳐 세상에 나오게 되었습니다.

함께 읽고, 나누고, 성장하다

시작은 내 아이를 잘 키워보려고, 학급 독서교육을 능숙하게 하고 싶어서 동화를 읽은 게 계기였습니다. 엄마니까, 교사니까, 읽어야 하니까 읽었지요. 처음 몇 해는 남들이 좋다고 하는 책을 찾아 읽기 바빴고, 작품 보는 눈이 없어 남의 평에 기대어 책을 골랐습니다. 소문대로 감동과 재미를 주는 책도 있었고, 그렇지 못해 아쉬운 책도 많았지요.

그렇게 홀로 동화를 읽던 네 사람이 만나 '함께' 읽기 시작했습니다. 서로에게 다정한 책벗이 되어주었지요. 한 권의 책을 요리조리 뜯어보고, 서로 다른 평을 내세우며 각자의 취향과 안목을 키웠어요. 더는 무엇을 얻기 위해 읽지 않았습니다. 이야기가 주는 기쁨을 온전히 누리고, 동화라는 연결 고리로 깊게 이어지는 우리가 좋았어요.

동화에 담긴 여러 빛깔의 어린이 마음과 어린이가 존중받는 세상, 아름다운 문장이 우리 삶 깊숙이 스며들었습니다. 우리는 어느새 "나는 동화가 좋아요"라고 외치는 어른이 되었지요. 남들이 모르는 좋은 작품을 발견하면 가슴이 콩콩 뛰어요. 어떻게 하면 더 많은 어린이를 동화로 초대할 수 있을까 날마다 고민하지요.

어떤 책은 다 읽은 후에도 여운이 남아 한동안 가슴을 아리게 합니다. 어떤 책은 더는 읽기 전의 나로 돌아갈 수 없을 정도로 큰 깨달음을 주기도 해요. 내가 미처 알지 못했던 누군가의 마음을 드러내 왈칵 눈물을 쏟게 하는 책도 있습니다. 좋은 동화는 어떤 식으로든 독자의 영혼에 흔적을 남겨요.

네 사람이 함께 읽고, "이건 정말 좋은 동화"라고 입 모아 외친 책들이 있습니다. 교실에서 아이들과 나눌 때 아이들이 "이 동화 진짜 최고예요" 했던, 그야말로 오래도록 우리 곁에 두고 싶은 책, 더 많은 어른과 어린이가 알아봐주었으면 하고 바라는 책들이지요.

쉽고 재미있게 읽기에서 깊게 생각하며 읽기로

책 목록을 완성한 후에는 어떤 순서로 책을 권할까 고민했습니다. 수년간 많은 아이들과 책을 읽어온 경험을 바탕으로 '쉽고 재미있게 읽기'에서 '깊게 생각하며 읽기'로 나아가야 한다고 결정했지요. 이런 큰 흐름에 따라 저학년, 중학년, 고학년에게 권할 책을 각 3단계로 분류했습니다.

학년	단계
저학년	쉽고 재미있게 읽기
	책 읽는 맛 경험하기
	내 생각 키우기
중학년	혼자서도 거뜬히 읽기
	머물고 생각하며 읽기
	한 걸음 더 나아가기
고학년	만만하고 즐거운 읽기
	깊게 생각하며 읽기
	확장하는 책 읽기

저학년은 '쉽고 재미있게 읽기-책 읽는 맛 경험하기-내 생각 키우기', 중학년은 '혼자서도 거뜬히 읽기-머물고 생각하며 읽기-한 걸음 더 나아가기', 고학년은 '만만하고 즐거운 읽기-깊게 생각하며 읽기-확장하는 책 읽기'로 구분 지었습니다.

처음 책을 접하거나 책 읽기를 싫어하는 아이는 '책 읽기가 쉽고 재미있다'는 경험을 하게 도와야 합니다. 이때는 혼자서도 쉽게 읽을 수 있고, 특별한 배경지식이 없어도 내용을 이해하는 데 큰 어려움이 없는 책을 권하죠. 이런 책은 분량도 짧고, 등장인물 수가 적거나 사건이 비교적 단순합니다. 아이가 쉽고 재미있게(저), 혼자서도 거뜬히(중), 만만하고 즐겁게 읽기(고) 좋은 책이지요.

다음은 책 읽는 맛 경험하기(저), 머물고 생각하며 읽기(중), 깊게 생각하며 읽기(고) 단계입니다. 읽는 책의 분량이 조금 늘어나고, 등장인물 수도 많아져요. 이야기 속에 등장하는 시공간도 다양해지고, 여러 사건이 연달아 일어나 독자에게 뜻밖의 생각거리를 많이 던져줍니다. 아이들은 긴 호흡의 책을 끝까지 읽는 기쁨을 맛보고, 문장이나 장면에 머물러 자기 생각을 길어올리는 연습을 하지요.

마지막으로 아이의 관심사를 타인과 세상으로 넓혀주는 책, 다양한 결로 해석할 수 있는 책을 권합니다. 바로 내 생각 키우기(저), 한 걸음 더 나아가기(중), 확장하는 책 읽기(고) 단계에요. 여기서 권하는 책은 대부분 분량이 많고, 독자의 적극적인 해석과 평가가 필요해요. 이 단계에서 읽는 단편 동화는 분량이 적지만 주제가 낯설거나 묵직하고, 상징과 비유가 많이 쓰여 폭넓은 해석이 일어나게 합니다.

쉼과 재미를 위해서, 자기 성찰과 통찰을 위해서, 지식과 지혜를 얻기 위해서는 읽는 책과 읽는 방법을 달리해야 하지요. 능숙한 독자는 읽는 목적에 따라 책을 선정하고, 읽는 방법도 선택합니다. 우리 아이들도 그런 능숙한 독자로 자라야겠지요. 그러기 위해 아이들이 쉽고 재미있는 책에서 깊게 생각하는 책으로 차근차근 독서 계단을 오르도록, 곁에서 함께 돕는 어른이 많아지면 좋겠습니다.

또 다른 이야기의 시작이 되길 바라며

우리가 고른 책이 모든 사람에게 같은 무게의 감동과 같은 깊이의 통찰을 줄 순 없을 겁니다. 같은 책을 읽더라도 각자의 삶과 가치관에 따라 다르게 읽히는 게 당연하죠. 여러 빛깔의 평을 꺼내놓고 와글와글 이야기 나누는 자리가 많아지길 바랍니다. 모두가 서로에게 소중한 책벗이 되도록요. 우리의 이야기가 그런 자리를 만드는 시작이 되길 소망합니다.

끝으로, 이미 많이 알려지고 사랑받는 작품보다는 덜 알려진 좋은 작품을 담으려고 노력했음을 밝힙니다. 앞으로 계속 찾아 읽고, 새로운 책으로 꾸준히 목록을 더해나가겠습니다. 어린이를 사랑하며, 더 나은 세상을 꿈꾸며, 오늘도 세상에 나오지 않은 이야기를 키워낼 작가님들께 감사와 사랑을 보냅니다.

어린이책 연구모임 '책벗'
김진향 김현정 나윤주 박미정

제1부

동화 읽기에
대하여

아이에게 동화를
권하는 이유

아이들은 바빠요. 공부도 하고, 운동도 하고, 악기 연주도 해야 하죠. 여기에 동화 읽기까지 해야 한다면, 아이는 '지금도 충분히 바쁜데 이것까지 더 하라고?'라고 생각할 겁니다. 동화 한 편 읽는다고 성적이 쑥 올라가는 것도 아니고, 전혀 읽지 않는다고 눈에 띄는 문제가 생기는 것도 아니지요. 그러니 동화 읽기는 '나중에 시간이 생기면'이란 말에 실려 아이 곁에서 밀려납니다.

하지만 동화 읽기도 다른 배움과 같은 무게로 중요합니다. 아이는 좋은 동화를 읽으며 자라야 해요. 오랫동안 책 읽어주는 선생님으로 아이들과 지내며 알게 되었습니다. 3월의 아이와 12월의 아이는 키가 다르듯, 생각하고 느끼는 힘의 크기도 다르다는 것을요. 함께 읽은 동화와 함께 나눈 이야기를 영양분 삼아 아이는 한 뼘, 두 뼘 더 성장했습니다. 동화는 아이에게 무엇을 줄까요? 동화 읽는 아이는 어떻게 자랄까요? 지금부터 차근차근 그 이야기를 들려드리려고 해요.

좋은 동화가 아이에게 건네는 것들

아이는 매일 똑같은 교실, 똑같은 책상에 앉아 공부합니다. 신기하고 재미있는 일이라곤 도통 일어나질 않아요. 하지만 책상 위에 동화책 한 권을 펼쳐놓고 함께 읽기 시작하면 모든 게 바뀝니다. 지루한 표정을 짓고 몸을 배배 꼬던 아이 눈이 반짝반짝 빛나요. 교과서에 낙서하며 시간을 보내던 아이가 고개를 들고, 할 말이 생겼다며 손을 번쩍 들기도 해요. 적막하던 교실에 아이들이 깔깔 웃고 이야기 나누는 소리가 들어찹니다.

이렇게 동화 읽는 재미에 폭 빠진 아이는 머릿속으로 쉴 새 없이 그림을 그려요. 동화는 그림책에 비해 그림의 분량이 적거나 아예 없기도 합니다. 인물의 생김새, 사건이 일어나는 공간을 독자가 스스로 구축해야 해요. 처음에는 어렵지만 능숙해진 뒤에는 이것이 책 읽기를 즐기게 하는 강한 내적 동기가 되어줍니다. 동화는 주어지는 이미지나 영상에 순응하지 않고 내 힘으로 하나의 세계를 만드는 재미를 선물해요.

옛이야기를 들려주고 아이들에게 이야기의 한 장면을 그려보라고 한 적이 있어요. 그림을 살피다 깜짝 놀랐습니다. 아이들이 장면의 분위기나 인물의 몸짓과 표정을 맞춤하게 표현했거든요. 실제 책에 실린 삽화와 비슷한 그림도 많았답니다. 아이들은 활동하면서 즐거워했고, 시키지 않아도 조금 더 잘 표현해보려고 시간과 노력을 들였어요. 책을 읽을 때 "삽화 안 보고, 내가 상상하는 게 훨씬 재미있어요" 하는 아이도 여럿 생겼답니다.

이렇게 동화를 즐기며 많이 읽다 보면 자연스레 인물이나 사건을 잘 파악하게 되지요. 좋은 동화는 인물이 느끼는 여러 감정을 펼쳐서 보여주고, 인물의 입장을 설득력 있게 제시합니다. 악역조차도 사연이 있어 함부로 판단할 수 없어요. 또한 하나의 사건을 여러 방향에서 살피는 시선을 담아내요. 덕분에 아이는 가족과 친구를 전보다 잘 이해하고, 실제 상황에서 일어나는 여러 일을 해결할 만한 지혜를 기릅니다.

유난히 말과 행동이 거친 아이들을 만난 해에 동화의 힘은 더 크게 와닿았어요. 선생님을 향해 차가운 눈빛과 날이 선 말을 쏟던 아이들이 더디지만 분명하게 변했습니다. 점차 진지하게 생각하려고 했고, 정중한 자세로 이야기 나누는 모습을 보였어요. 책 대화를 나눌 때도 더 가치 있는 것, 더 올바른 것을 선택하려 애썼어요. 동화에 담긴 단정하고 아름다운 문장, 타인을 향한 존중과 배려의 시선, 나를 벗어나 우리를 향해 나아가는 태도가 아이들에게 스며들었습니다.

이토록 다정한 동화, 이토록 힘이 센 동화

동화는 현실을 넘어서서 우리가 추구해야 하는 삶의 태도와 가치를 담고 있지요. 모든 사람을 편견 없이 존중하는 태도, 낯선 세계를 기꺼이 경험하려는 담대함, 인간 중심 사고를 넘어선 생태적 사고 등, 말초신경을 자극하는 이미지와 영상에 젖어든 아이에게 꼭 건네야 하는 것들입니다. 동화 읽는 아이는 자기도 모르게 생각을 바꾸고 행동을 바꿉니다. 어쩌면 백 마디 말이 아니라 좋은 동화 한 편이 아이 삶을 바꿀 수도 있다는 생각이 들어요.

12월이 되면 한 해 동안 아이들의 읽기 수준이 얼마나 자랐나 돌아보는 시간을 보냅니다. 아이들은 그간 쓴 공책을 펼쳐 글에 담긴 자신의 변화를 확인해요. "재미있었다" 한 문장으로 끝났던 글의 분량이 어느새 늘고, 다양한 어휘와 문장이 등장해 풍성해졌음을 알아차립니다. 그 사이 자신의 경험을 이해하고 해석하는 힘이 생겼고, 그것을 표현하는 어휘력과 문장력이 늘었다는 걸 발견하고 기뻐하지요.

동화에서는 낱말이 쓰이는 실제적인 맥락을 제공합니다. 아이들이 처음 만나는 어휘라도 이야기 속에서 자연스럽게 그 뜻을 알게 해주죠. 사회나 과학 시간에 어려운 한자어가 나오면 아이들은 동화에서 인물이 처했던 상황을 떠올려 쉽게 이해하곤 합니다. 사전에서 뜻을 찾지 않아도, 앞뒤 문장이나 이야기 흐름을 헤아려 어휘의 뜻을 무난히 추론해요. 동화를 많이 읽으면 자연스럽게 문해력이 자랍니다. 문해력 신장을 위해 따로 시간 내어 새로운 걸 배우지 않아도 되어요.

이 밖에도 동화는 목표 달성을 위해 힘들고 지루한 과정을 참아내는 끈기를 길러줍니다. 하나의 사건에서 다음 사건으로, 한 인물에서 다음 인물로 이어지는 지난한 이야기를 차곡차곡 살피게 해요. 이런 끈기는 아이가 학습을 하는 데 큰 도움을 줍니다. 하지만 학습을 위해서만 동화를 읽는다면 좀 아쉬워요. 어른이 아이에게 동화를 건네며 무엇을 기대하든지 동화는 그 이상의 것을 아이에게 선물합니다.

동화를 읽을 때 아이는 처음 만나는 인물에게 마음을 열고 귀를 기울입니다. 인물의 마음을 헤아려보고, 인물이 겪는 일을 내 일처럼 느껴요. 편안해 보이던 일상이 무너지는 장면에 이르면 문제를 어떻게 해결할 수 있을까 고민합니다. 인물의 선택과 내 선택을 견주어보고, 결말을 살피며 선택의 무게를 생각해요.

아이가 동화를 읽는 건 이렇게 세상을 배우는 일과 닮아 있어요. 동화는 내가 만나는 사람과 세상에 기꺼이 마음을 열고, 정성을 들여 하나씩 알아가려는 태도를 길러줍니다. 빠르게 돌아가는 세상의 속도가 아니라 자기만의 속도로, 결과에 책임지는 당당한 선택으로 살아가라고 알려줘요. 1년간 동화를 읽은 아이들은 잘 압니다. 동화는 언제나 어린이가 그렇게 살아갈 수 있을 거라고 믿고, 응원한다는 것을요.

좋은 동화는 아이들이 성장하는 데 필요한 능력을 키워주고, 건강한 마음과 생각하는 힘을 기르게 도와줍니다. 아이가 외롭지 않도록 언제나 변함없이 든든한 친구가 되어주지요. 이토록 다정한 동화를, 이토록 힘이 센 동화를 어떻게 아이들에게 권하지 않을 수 있을까요? 어떻게 나중에 시간 나면 읽으라고 미룰 수 있을까요?

그래서 우리는 오늘도 동화를 읽습니다. 아이들에게 권할 좋은 동화를 찾아 기꺼이 밤을 지새웁니다. 좋은 동화를 만나는 날에는 얼른 아이들에게 전해주고파 가슴이 콩콩 뜁니다.

아이에게 권하고 싶은 동화

　각종 매체나 단체에서 학년별 추천 도서 목록을 제공하지만 우리 아이를 위한 책을 고르는 건 여전히 고민이 되지요. 어떤 동화가 좋은 동화일까요? 사람마다 다르게 답할 수 있겠지만 어른이 먼저 읽어보고 '우리 아이가 꼭 읽었으면' 하는 바람이 생기는 책이 좋은 동화란 생각이 듭니다.

　이 책에서는 저·중·고로 학년을 나누어 33권의 책을 살폈는데요. '함께 읽으면 좋은 책'까지, 200권 넘는 책 목록을 정하기 위해 수개월간, 몇백 권의 책을 읽어야 했습니다. 수년간 읽어온 책 중에 기억에 남았던 책을 다시 살피고, 새로 나온 책도 살뜰히 들여다보았지요. 다양한 소재와 주제, 저마다 다른 이야기 방식을 지닌 책 중에서 '어린이에게 꼭 건네고픈 좋은 책'을 골랐습니다.

좋은 동화를 고르는 세 가지 기준

고른 책을 단번에 글에 담지 않고 "정말 아이들에게 기꺼이 권할 만한 책인가?" 여러 번 묻고 답하는 시간을 마련했어요. 부모이자 교사인 저희가 아이들에게 기꺼이 권하고픈 책은 이런 책입니다.

첫째, 좋은 책에는 어린이의 마음과 목소리가 꾸밈없이 담겨 있습니다. 이야기의 주인공이 어린이라는 걸 단박에 알 수 있지요. 『아홉 살 하다』의 '하다', 『금순이가 기다립니다』의 '사랑이', 『사랑이 훅!』의 '담이'는 그 나이의 어린이가 생각하고 느끼는 것을 자연스럽게 드러냅니다. 어른들은 이야기 속에서 조연일 뿐 어린이의 일에 함부로 끼어들지 않지요. 어린이가 이야기의 중심에 서서 자기 마음을, 제 목소리로 힘주어 이야기합니다.

때로 우리의 멋진 주인공은 부당한 세상을 향해 "이건 우리가 원하는 게 아니에요"라고 말하고, 어른의 도움 없이 스스로 그 일을 바로잡기 위해 고군분투하기도 해요. 아이는 이런 책을 읽으면서 자기 마음을, 자기 생각을 들여다볼 기회를 얻습니다. '아, 그때 내가 이런 마음이었구나!' 하고 깨닫고 '나라면 어떨까?' 상상해보지요. 더 나아가 '나도 이렇게 해볼 거야' 하고 다부지게 말할 힘을 얻기도 합니다.

둘째, 좋은 책은 문학성이 뛰어납니다. 잘 쓴 작품이라는 뜻이지요. 이런 책은 매력적인 인물이 등장해서 독자를 강하게 끌어당기고, 인물의 특징과 그의 선택이 맞춤하게 연결됩니다. 『금두껍의 첫 수업』의 느긋하고 능청스러운 '두꺼비 선생님', 『도토리 사용 설명서』의 엉뚱 발랄하고 유쾌한 '유진', 『산적의 딸 로냐』의 건강한 어린이 '로냐'가 그런 인물이지요. 책을 다 읽은 뒤에도 오래도록 독자의 마음에 남아 다정한 친구가 되어줍니다.

좋은 작품은 이야기의 기승전결이 매끈하게 이어져 막힘없이 술술 읽힙니다. 책을 읽다가 '갑자기 왜 이런 이야기가 나와?' 하는 생각이 들면 읽는 재미가 뚝 떨어지지요. 완성도 높은 작품은 그럴 일이 드물답니다. 첫 장을 펼쳐 마지막 장을 덮을 때까지 독자를 몰입시키죠. 『지붕을 달리는 아이들』에서 지붕 위에서 생활하던 소피가 헤어진 엄마와 극적으로 만나는 긴 여정을 독자가 숨 돌릴 틈 없이 쫓아가게 되는 것처럼요.

마지막으로 좋은 책은 다양한 해석을 허용합니다. 어린이 삶을 함부로 판단해서 틀에 박힌 교훈이나 뻔한 결말을 내세우는 우를 범하지 않아요. 어린이의 내면을 다채롭게 보여주고, 한 가지 사건을 여러 사람의 입장에서 살피게 도와줍니다. 이런 작품은 어린이가 읽어도, 어른이 읽어도 생각할 거리가 많아요. 시간이 지나 다시 읽을 때 이전과 전혀 다른 이야기로 읽히기도 합니다.

이런 책은 인간이나 세상에 대한 작가의 깊은 사유와 통찰을 담고 있어요. 특별한 문제에 관심을 두고 탐구하는 작가들이 있습니다. 유은실 작가가 『까먹어도 될까요』를 통해 보여주는 '함께 사는 세상', 『소곤소곤 회장』을 쓴 강인송 작가가 그려내는 '나다움과 다양성', 송미경 작가가 『햄릿과 나』에 담아낸 '가족의 의미와 사랑'. 이처럼 작가가 깊이 고민하는 주제는 이야기에 자연스럽게 스며듭니다. 좋은 삶을 살고, 더 나은 세상을 향해 나아가려는 작가의 태도는 작품을 통해 독자에게 큰 감동을 전해주지요.

우리 아이만을 위한 책 목록 만들기

모든 아이에게 두루 통하는 완벽한 추천 도서 목록은 있을 수 없습니다. 한 아이에게 책을 권할 때는 아이의 독서력, 취향, 독서 경험 등을 고려해야 하지요. 우리 아이가 어떤 아이인지, 책을 어떻게 읽어내는지 살피고, 적절하게 돕는 일은 이 책을 읽는 어른의 몫입니다. 지금, 우리 아이가 꼭 경험하고 마음에 담았으면 하는 이야기를 하나둘 모아보세요. 이야기에 아이를 향한 사랑과 응원을 담아 건네보세요. 아이가 오래도록 이야기를 품고, 그 이야기에 기대어 힘껏 자랄 겁니다.

아이와 나누는 책 대화

많은 독서교육서나 유명 강의에서는 책을 혼자 읽기보다 다른 사람과 함께 읽으라고 권합니다. 아이들에게도 그런 기회를 마련해 주라고 하지요. 하지만 어른이 아이와 같은 책을 읽고 풍성하게 책 대화 나누는 일이 생각보다 어렵습니다.

대화란 둘 이상의 사람이 만나 서로 의견을 주거니 받거니 하는 것이죠. '내 생각이 맞나?' '이렇게 말하면 틀리다고 지적받지 않을까?' 하는 염려가 생기면 대화를 나누기 어려워요. 힘 있는 쪽이 주도하는 일방적인 말하기에 머물러 버립니다. 어른과 아이 사이에서는 흔히 어른이 뭔가 가르치려는 태도를 보이기 쉽지요. 이때 아이는 기계적으로 듣기만 할 뿐 자기 의견을 길러낼 기회를 얻기 어렵습니다.

'책'보다는 '대화'가 중요해요

일단, 아이가 책을 잘 읽었는지 확인하고 싶은 마음을 내려놓아요. 의식적으로 '책'보다 '대화'에 무게를 두세요. 중심이 '책' 쪽으로 기울어질수록 아이는 책과 멀어집니다. 어른과 책 이야기 나누는 자리를 빨리 벗어나고 싶어 하고, 마지못해 참여해도 핵심 정보만 빠르게 훑는 책 읽기에 머물러요. '무엇이든 얘기해봐' 하는 열린 마음을 아이에게 드러내어 보여주세요. 아이가 어른과의 대화 자체를 편안하게 여겨야 깊고 풍성한 책 대화로 나아갈 수 있습니다.

"책 어땠어?"

"너는 이 책 어떻게 읽었니?"

처음에는 아이가 큰 고민 없이 답할 수 있는 질문을 던집니다. 정답이 없기에 아이가 쉽게 자기 말로 생각을 드러내거든요. "좋아요" "재미있어요"처럼 단답형으로 말하더라도 실망하지 마세요. "어떤 점이 좋았어?" "어떤 장면이 기억에 남았니?" "5점 만점에 몇 점 줄 수 있겠니?" 같은 질문을 던져서 아이가 생각을 다듬어가도록 도우면 됩니다. 시간이 지나면 아이가 제 생각을 살펴, 자기 말로 표현해내는 힘이 자라요.

책을 읽고 꼭 많은 이야기를 나눠야 하는 건 아닙니다. 아이와 앉아 책을 한 쪽씩 번갈아 읽고, "지금 어떤 생각이나 느낌이 들어?" 하고 이야기를 시작하기만 해도 좋지요. 아이 말을 먼저 듣고, "아, 그렇게 봤구나. 나는 이런 생각을 해봤어" 하고 조심스레 어른

이야기를 들려주면 됩니다. "와, 재미있는데" "이 인물은 왜 이런 선택을 했지?" 하고 즉흥적인 반응을 아이와 주고받아도 좋아요. 여럿이 텔레비전 드라마를 함께 볼 때처럼 말이에요.

아이의 성장에 따라 읽는 책이 달라지면 자연히 아이와 주고받는 대화가 달라집니다. 낮은 학년 아이와는 "너도 이런 경험 해봤니?" "너라면 어떻게 해볼래?" 하는 이야기를 많이 나눕니다. 높은 학년 아이와는 이런 질문에 더해서 "인물에게 공감하니?" "작가의 생각에 공감하니?" "이런 일이 일어난 가장 큰 이유는 무엇이라고 생각해?"처럼 아이가 스스로 판단하고, 대안을 제시하는 이야기를 나눌 수 있어요. 책의 주제가 드러난 부분, 인물의 삶에 전환점이 되는 장면 등 머물러 살펴야 하는 이야기들이 생깁니다.

아이의 다정한 책벗이 되어주세요

아이와 책 대화 나누는 어른이 되어보겠다고 마음먹은 것만으로도 충분히 멋집니다. 처음부터 대화가 잘되지 않는다고 속상해하지 마세요. 요즘은 출판사, 인터넷 서점 사이트에서 추천 도서 목록과 함께 독후활동지를 제공합니다. 독서토론을 다루는 기존의 여러 단행본에서 추천하는 책과 질문지를 구할 수도 있지요. 이런 자료에서 질문을 고르고, 내 아이와 이야기 나눠보면 됩니다. 경험이 쌓이면 내가 편안하게 활용할 수 있는 질문 형식이 생길 거예요. 내 아이와 나누고픈 이야기도 조금씩 늘어갈 겁니다.

　아이와 책 대화 나누고 싶다면 어른이 먼저 아이를 대화 상대로 받아들여야 해요. 아이를 한 사람의 독자로 존중해야 하지요. 아이와 '어떤 이야기를 나눌까'보다 '아이 이야기를 어떻게 하면 잘 들어줄 수 있을까' '어떻게 하면 아이에게 좋은 책벗이 되어줄까'를 먼저 고민하면 좋겠습니다.

우리 아이 책장 만들기

우리 아이의 책장을 자세히 본 적이 있나요? 읽을 연령이 훨씬 지난 책, 아이가 더 이상 손대지 않는 전집류, 언젠가는 읽겠지 하고 꽂아둔 채 먼지만 쌓인 책으로 가득하지는 않은가요? 만약 그렇다면 책장을 정리할 시기가 온 것입니다. 먼저 책장 한 칸부터 시작하면 어떨까요? 책장 한 칸을 모두 비우세요. 그리고 아이에게 좋아하고 남기고 싶은 책으로 채워보라고 합니다. 이는 우리 아이 책장 만들기의 첫걸음입니다.

다양한 빛깔의 책장 만들기

내가 좋아하는 책으로 꾸며진 책장 한 칸이 생기면 아이는 그 한 칸을 소중하게 여기고 말끔히 정리할 거예요. 책장을 들여다보는 시간도 늘겠지요. 새 책을 신중히 골라 그 책장에 꽂아두고 싶어 할 것입니다. 책장을 보면 아이가 지금 어떤 책을 읽고 있는지, 어떤 분야 책에 관심이 있는지도 알 수 있어요. 책을 어느 정도 읽어내고 있는지 독서 수준도 가늠할 수 있습니다. 아이도 책장을 보며 자신의 독서 상황을 돌아볼 수 있어요.

아이는 혼자서 재미있게 읽은 책도 고르겠지만 누군가와 함께 읽고 이야기 나누었던 책을 남길지도 모릅니다. 어릴 적 부모에게 자주 읽어달라고 했던 그림책에 애정을 보일 수도 있어요. 어떤 지점이든 누군가와 특별하고 깊게 연결되어 있다고 느낀 책은 귀하고 소중합니다. 실제로 아이가 마지막까지 남긴 책을 보니 주인공과 서사가 깊은 인상을 남긴 책, 다양한 생각거리를 던지는 책, 문장이 아름다운 책이었습니다. 아이 성향에 따라 다양한 빛깔의 책장이 만들어집니다.

아직 그런 책장이 없다면 지금부터 채워나가면 됩니다. 아이와 함께 서점 및 도서관 나들이를 주기적으로 하세요. 어른이 해야 할 일은 좋은 동화가 아이들 손에 가닿도록 돕는 일입니다. 도서관은 책의 목차도 훑어보고 삽화도 살필 수 있는 곳입니다. 부모가 평소에 미리 동화를 읽어보거나 서평, 소개글을 살펴본다면 좋은 동화를 그 자리에서 슬쩍 권할 수도 있겠지요. 아이의 취향을 존중하되 좋은 동화도 함께 권하세요. 책을 만날 수 있는 여러 경로를 알려주면 아이의 책장은 더욱 풍성해질 겁니다.

책장은 고정된 것이 아니라 아이의 성장에 따라 계속 바뀝니다. 시기를 정해 함께 책장 정리를 하면 좋아요. 그 과정에서 나이와 관심사에 따라 새로 꽂힌 책도 있고 빠지는 책도 있겠지요. 어떤 책은 사랑을 듬뿍 받아 계속 자리할 겁니다. 이런 것을 우리는 '인생 책'이라고 부릅니다. 물리적인 책장 정리보다 더 중요한 것은 짧은 시간이라도 책장 앞에서 책에 대해 나누는 이야기입니다. 부모의 '인생 책' 이야기를 들려줄 수도 있겠지요. 그 시간 자체가 귀중합니다.

책장의 주인은 아이입니다

한 칸으로 시작한 내 아이 책장 만들기는 아이가 자라는 동안 계속 이어집니다. 시간이 지날수록 아이는 좋아하는 책들로 가득 찬 책장을 보면서 뿌듯해할 것입니다. 자연히 점점 더 좋은 책을 고르려고 하고 책을 보는 안목도 키우겠지요. 조금 더 두꺼운 책에 도전해보아야겠다고 말할지도 모릅니다. 처음에는 부모의 도움이 필요하겠지만 곧 스스로 책을 고르고 책장을 꾸리려고 할 겁니다. 어느덧 자기 책장을 주체적으로 만들어가는 어른으로 자라나고 있는 것이지요.

책장 만들기에 부모의 과한 욕심은 금물입니다. 독서 수준과 취향을 무시하고 추천 도서 목록대로 산 책은 아이에게 부담만 줍니다. 아이의 선택도 어느 정도 존중하세요. 책을 고르는 데 수없이 많은 실수를 하고 시행착오를 겪을 테지만 그것도 독서의 한 과정입니다. 책을 읽는 공간에는 강압이 없어야 합니다. 책장의 주인은 아이입니다. 우리 아이 책장 만들기에서 가장 중요한 것은 앞으로 책을 손에 쥘 시간과 마음입니다. 그러니 조급해할 것 없이 책장 한 칸부터 차근차근 시작해보세요.

동화 읽는
어른으로 살아가기

　동화책을 자주 사고 많이 읽는 모습을 보고 주변에서 놀라며 묻습니다. 왜 그렇게 동화를 열심히 읽느냐고요. 처음에는 점점 책과 멀어지는 아이들, 학습만화만 보는 아이들이 안타까워 교실에서 책을 읽어주었습니다. 아이들이 독서를 즐기는 사람으로 자라면 좋겠다는 생각에 이왕이면 내용도 훌륭하고 재미있는 책을 읽히고 싶었지요. 좋은 동화를 고르고 좀 더 깊게 읽어내는 안목을 기르고 싶은 욕심에 책벗 선생님들과 같이 읽기 시작했습니다.
　그렇게 동화 읽는 어른이 되어 지금도 꾸준히 읽고 있습니다. 부지런히 찾아 읽다 보니 점점 동화의 매력에 빠져들게 되었어요. 좋아하는 장르도 생기고 애정하는 작가도 생겼지요. 그 덕분에 어린이들의 마음에 조금 더 가까이 있는 사람으로 살아가는 기쁨을 느낍니다. 그래서 계속 읽고 싶어지는 동화책의 장점, 우리가 여전히 동화 읽는 어른으로 살아가고 있는 이유를 하나씩 소개해보려고 합니다.

동화가 우리에게 선물해준 것

먼저, 동화는 어린이를 깊이 이해하게 합니다. 동화를 읽으면서 그동안 살피지 못했던 어린이의 마음과 고민이 보였고, 눈여겨보지 않았던 작고 소외된 존재들을 알아차리게 되었어요. 소심하고 상처받은 주인공, 혼자가 된 아이들, 두려움과 걱정에 사로잡힌 아이들의 이야기를 마주하면서 그 입장을 좀 더 깊이 이해하는 마음을 가지게 되었어요. 더불어 일상에서도 어린이를 존중하는 마음, 여린 존재를 좀 더 세심하게 살피려는 시선과 태도를 가지려고 노력하게 됩니다.

동화는 우리가 어른이 되면서 잊고 있던 어린이의 마음을 다시 보게 해줘요. 저학년 동화를 읽으면, 미숙하지만 순수했던 그 시절의 이야기를 통해 세상과 사람에 대한 호기심을 떠올리게 됩니다. 중학년 동화는 조금씩 생각이 자라고 주체적으로 변해가는 아이들을 응원하며 읽게 되지요. 고학년의 이성 이야기를 다룬 동화는 짝사랑으로 설레던 학창 시절로 시간 여행을 한 기분이 들게 해요. 친구 관계와 학업 스트레스에 관한 고학년 동화가 많은 걸 보면서 아이들의 마음에 공감해주며 따뜻한 말 한마디라도 건네고 싶어졌습니다.

동화를 읽으며 교사로서 큰 효능감을 얻습니다. 동화로 어린이와 만나면서 좋은 동화를 소개해주고 때로는 같이 읽는 경험을 통해 공유한 이야기는 서로를 더 가깝게 합니다. 사춘기 아이들은 책 이야기를 매개로 안전하게 물꼬를 트면 자기 이야기를 편하게 꺼내놓아요. 교실에서 친구들끼리도 더 친밀해지고 교사와도 마음을 깊게 나누면서 변해가는 아이들에게 느끼는 뿌듯함은 정말 값지답니다.

때로는 동화에서 좋은 어른을 만나기도 합니다. 아이들 곁에서 지혜롭고 너른 품을 가진 따뜻한 어른이 훌륭한 역할을 해주는 이야기를 읽고 나면 오랫동안 마음속에 감동이 남습니다. 거기에 더해 동화는 어른이자 부모인 우리를 돌아보게 해줍니다. 한편으로는 지금 우리 아이들 가까이 훌륭한 어른이 얼마나 있을까 하는 안타까움에 나부터 좋은 어른이 되기 위해 노력해야겠다는 다짐을 하지요. 이제는 동화책 속 어린이뿐 아니라 부모와 주변 어른들의 태도도 살피며 읽게 되었습니다.

동화 읽는 어른으로 살아가는 즐거움

동화는 어린이를 위해 우리 사회가 해야 할 일이 무엇인가에 대한 질문을 계속 던집니다. 우리 아이들의 몸과 마음이 건강하게 자라날 수 있도록 안전하고 행복한 세상을 만들려면 사회가 어떤 노력을 기울여야 하는지 고민하게 하지요. 각박하고 험난한 이 현실을 살아갈 어린이들이 따뜻한 감성과 단단한 마음을 키울 수 있도록 같이 더 열심히 동화를 읽게 합니다.

무엇보다 동화는 그 자체로 훌륭한 문학 작품입니다. 어린 시절 읽었던 명작 동화의 감동을 떠올려보세요. 아름다운 문장과 이야기에는 메마른 마음을 말랑하게 해주는 힘이 있습니다. 인생의 경험치가 풍부해진 어른이 되어 읽는 동화는 더 깊은 감동으로 다가옵니다. 이야기의 배경, 사건, 인물 등이 훨씬 입체적이고 풍부하게 느껴지기 때문이겠지요.

이 외에도 동화는 어른이 된 우리를 위로하고, 삶의 통찰을 줍니다. 동화는 가족 이야기, 세대 간의 갈등과 이해, 또래 문제, 모험, 삶과 죽음, 사회적인 이슈까지 다양하고 폭넓게 다루고 있기 때문입니다. 이제는 동화가 아이와 어른이 함께 읽는 책으로 널리 알려지기를 바랍니다. 어린이와 함께, 때로는 어른들과 함께 동화를 읽어보세요. 동화 읽는 어른으로 사는 재미를 누려보세요.

제2부
저학년을 위한 동화

저학년의 책 읽기

쉽고 다양한 책 읽기로 문해력과 독서 습관 기르기

저학년이 문해력과 인성 발달에 중요한 시기라는 것은 아무리 강조해도 지나치지 않습니다. 1~2학년 시기 아이들의 가장 큰 특징은 한글 해득 정도와 읽기 수준에서 개인차가 많이 난다는 것에요. 이때 그림책에서 점점 글이 많아지는 동화책 읽기 단계로 넘어가야 하는데 한글이 미숙한 아이들은 어려움을 겪습니다. 이 아이들은 책 고르기도 힘들어하며 머뭇거리지요. 따라서 저학년 시기에는 한글 해득에 중점을 두고 아이들이 책을 읽고 이해하는 데 어려움을 느끼지 않도록 돕는 것이 중요합니다.

그런 다음 아이에게 재미있는 책을 읽어주고 다양한 책을 소개해주어 차차 아이가 혼자서도 읽고 싶은 마음이 들게 해야 합니다. 1~2학년은 집중 시간이 짧아 내용이나 줄거리를 파악하기 쉬운 책부터 읽는 것이 좋습니다. 기승전결이 분명해 사건의 전개가 명확한 이야기를 추천합니다.

아이들은 자주 가본 장소나 익숙한 상황들이 나오는 이야기를 편안하게 받아들이며 읽습니다. 아이들은 책에서 일상의 이야기를 만나면 반가워하기도 하고, 책에서 본 내용을 실제와 비교해보기도 할 겁니다. 생활 이야기 외에 다양한 동물이 주인공으로 나오거나 엉뚱한 상상이 가미된 이야기는 대리 만족을 느끼며 즐겁게 읽을 거예요.

이야기의 맛을 알았으면 글의 맛, 말맛도 알 수 있는 책을 읽게 해주세요. 저학년일수록 필력이 좋은 작가의 책, 좋은 문장이 담긴 책을 접해야 합니다. 아이와 함께 소리 내어 입말로 느끼면서 좋은 문장, 좋은 표현을 익히게 해주세요. 아이의 어휘 창고에 훌륭한 표현들을 차곡차곡 쌓아두면 필요할 때 꺼내 쓸 수 있을 것입니다.

저학년 시기 독서에서 또 주의할 점은 혼자 읽기와 어른이 읽어주는 책을 듣는 활동이 병행되어야 한다는 것입니다. 책을 읽은 후에는 아이와 책 내용에 대한 이야기를 주고받아보세요. 양육자나 교사가 책을 읽어주면서 아이와 함께 대화하는 과정이 아이의 독서력을 기르는 데 매우 중요하다는 것을 기억하세요.

'쉽고 재미있게 읽기'에는 저학년이 생활에서 겪는 이야기나 또래 관계를 다룬 내용 위주로 소개했습니다. 등장인물이 자기와 닮았거나 또래들과 비슷하면 친근하게 느끼면서 잘 읽습니다. 1~2학년 때는 아직 자기중심적인 성향이 강해서 타인과 맺는 관계가 미숙해요. 책에 등장하는 학교생활이나 또래 간의 이야기를 통해 다양한 갈등 상황을 해결해가는 내용을 많이 접할 필요가 있습니다.

'책 읽는 맛 경험하기'에는 다양한 존재들을 만나 겪게 되는 흥미로운 이야기들이 주를 이룹니다. 저학년 동화에는 아이들이 좋아하는 동물이 등장하거나 동물이 주인공인 이야기가 많아요. 그 덕분에 더욱 다채롭고 매력적인 주인공들을 만나고, 재미있고 엉뚱한 상상과 신나는 모험 이야기를 읽으며 생각의 크기를 키워나갈 수 있습니다.

'내 생각 키우기'에는 순수하고 어린이다운 마음이 드러나는 이야기, 가족과 이웃, 추억과 그리움에 관한 따듯한 이야기를 담았어요. 자기만 생각하던 사고방식에서 벗어나 독서를 통해 가족이나 친척, 이웃 등 타인의 입장을 조금씩 이해하기 시작할 수 있지요. 또한 이 시기 아이들은 관심사가 금방 바뀌고 다양한 주제로 호기심이 옮겨갑니다. 책도 관심사에 맞추어 연계 독서를 하게 지도하면 지적인 욕구도 채우며 독서력을 키워갈 것입니다.

저학년 아이들은 짧은 분량이라도 동화책을 한 권씩 완독하는 성취감을 느끼면서 능동적인 독자로서의 경험을 느껴보는 것이 중요합니다. 아이가 책 속 세계에 빠져 몰입과 완독의 맛을 느낄 수 있게 해주세요. 저학년은 느긋하고 다양하게 독서할 수 있는 소중한 시기니까요.

저학년을 위한 동화 1

쉽고 재미있게 읽기

명랑한 어린이 탐험가를 위한
흥미진진한 모험 이야기

『엘머의 모험 1』
루스 스타일스 개니트 글
루스 크리스만 개니트 그림
곽영미 옮김 | 비룡소 | 2001

"엘머 엘리베이터, 탐험가."

2학년을 담임했던 해, 반에 작은 가방을 매일 메고 다니던 아이가 있었습니다. 어깨에서 가슴 쪽으로 둘러메는 작은 가방이지요. 어느 날, 아이가 친구들에게 둘러싸여 가방 속 물건을 꺼내놓았어요. 병뚜껑 두 개, 아이스크림 숟가락 한 개, 공기알 다섯 개, 조약돌 세 개……. 작은 가방에서 물건을 꺼낼 때마다 친구들은 "와! 와!" 하며 즐거워했지요. 어른에게는 쓸모없는 물건이지만 아이에게는 그 모든 것이 소중한 보물이었어요.

'엘머의 모험' 시리즈의 주인공 '엘머'도 배낭 안에 여러 물건을 넣어 모험을 떠납니다. 껌, 분홍색 막대사탕 등등이요. 동물 섬에 갇혀 있는 아기용을 구하러 가는 길이지요. 어떤 위험이 도사리고 있을지 모르는 길을 흔쾌히 나선 것도 놀라운데, 이런 물건을 배낭에 잔뜩 넣다니! 어른은 "쯧쯧쯧!" 혀를 차겠지만 어린이는 달라요. 엘머의 모험에 기꺼이, 흥겹게 동행하지요.

엘머는 혼자 낯선 섬을 탐험합니다. 여러 동물이 나타나 엘머를 위협하지만 겁먹지 않아요. 굶주린 호랑이에게는 껌을, 뿔 색이 변해 고민하는 코뿔소에게는 치약과 칫솔을, 갈기가 지저분한 사자에게는 머리빗과 머리솔을 건네지요. 엘머는 침착하게 배낭 안에서 맞춤한 물건을 꺼내 문제를 해결한답니다. 고릴라와 악어까지 만난 후에 드디어 엘머는 아기용을 구출합니다.

『엘머의 모험 1』은 저학년 아이에게 권하기 좋은 모험 이야기입니다. 동물 섬은 말 그대로 여러 동물이 사는, 동물이 주인인 섬이에요. 고래, 생쥐, 원숭이 등 아이들에게 익숙한 동물이 차례로 등장하고, 그때마다 엘머는 생존의 위기에 놓입니다. 말이 '생존의 위기'이지 전혀 위험하거나 불안하지 않아요. 엘머가 가방에 넣어온 도구나 동물들의 어리숙함 덕분에 이런 위기는 언제나 잘 해결되니까요. 위기를 넘기는 방식 또한 어린이의 눈높이에 알맞게 유쾌하고 안전합니다.

엘머 이야기는 옛이야기의 문법을 충실히 따릅니다. 길 떠난 주인공이 다양한 인물을 만나 과제를 해결하고, 마침내 목적지에 이르러 자신의 꿈을 이루지요. 이야기를 즐기는 데 특별한 배경지식이나 높은 수준의 독해력이 필요하지 않아요. 사용된 어휘나 문장도 쉬워서 술술 읽힙니다. 그뿐만 아니라 이야기 속에 자기 몸을 스스로 돌보는 법도 스며들어 있어요. 간식을 먹고 난 뒤 쓰레기 처리하기, 이 잘 닦기, 머리카락 단정하게 빗기 등 좋은 생활 습관을 슬쩍 짚어준답니다.

아이가 혼자 읽게 하는 것보다 부모님이 소리 내어 읽어주면 좋겠습니다. 우리도 어린 시절 산이며 들로 돌아다니며 해 질 때까지 뛰어놀았던, 그 누구보다 명랑한 탐험가였으니까요. 내 아이의 탐험과 모험을 응원하며 엘머 이야기를 함께 읽어요. 깔깔깔 웃고 떠들며 엘머 이야기를 즐긴 후, 우리 아이는 어디로 여행을 떠나고 싶은지, 배낭에 어떤 물건을 모으면 좋을지도 이야기 나눠보기를 권합니다.

이 책은 엘머의 모험 시리즈 중 제1권입니다. 엘머가 동물 섬에 잡혀 있는 아기용을 구출하여 함께 떠나면서 끝이 나지요. 이런 결말이 다음 2, 3권을 기대하게 합니다. 용과 엘머는 어떤 사이가 될까, 둘은 또 어떤 모험을 하게 될까 궁금해지거든요. 어린이 탐험가를 위한 흥미진진한 이야기 『엘머의 모험 1』입니다.

이런 점이 좋아요!

- 아이들이 잘 알고, 좋아하는 동물들이 등장해서 흥미를 끌어요.
- 문장이 매끄럽고 쉬워서 저학년이 소리 내어 읽기 좋아요.
- 엘머의 모험을 따라가며 사건이 일어난 순서를 살필 수 있어요.

 더 이야기 나눠봐요!

1. 엘머는 비행기를 타고 아무 데나 날아가고 싶어 합니다. 나는 무엇을 해보고 싶나요?
2. 내 가방 속에는 무엇이 들어 있나요? 그 물건에 얽힌 이야기도 들려주세요.
3. 엘머와 용은 이제 어떻게 될까요? 뒷이야기를 상상해보아요.

 함께 읽으면 좋은 책

엘머의 모험 2~3
루스 스타일스 개니트 글 | 루스 크리스만 개니트 그림 | 곽영미 옮김 | 비룡소 | 2001

엘머의 모험 2권 '엘머와 아기용'에서 아기용은 엘머를 집까지 태워주는데, 가는 길에 폭풍우를 만나 깃털 섬에 불시착한다. 용과 엘머 앞에 새로운 모험이 펼쳐진다. 3권 '푸른 나라의 용'에서 엘머와 아기용은 각자 자기 집에 도착하지만, 용의 가족이 위험에 처한다. 아기용은 엘머에게 도움을 요청한다. 1~3권을 모두 읽으면 '엘머의 모험'이 완성된다.

나를 위한 우르릉 쾅쾅 임고을 글 | 이지은 그림 | 해와나무 | 2019

서율이의 '학교 갈 때도 천둥 치고 비 오면 좋겠다'는 소원을 하늘이 들었을까? 그날 이후로 서율이가 밖에 나갈 때마다 비가 오고, 천둥이 친다. 여러 날 비가 오고, 식물들이 거대하게 자란다. 서율이의 마음이 변할 때까지 이 소동은 계속된다. 어린이의 일상에 찾아오는 특별한 환상의 순간을 재치 있게 담아냈다.

초등학생 이너구 전경남 글 | 김재희 그림 | 문학동네 | 2013

일상에서 환상으로 단번에 건너뛰어 일어나는 유쾌한 소동을 담았다. 짧은 동화 세 편이 실렸는데, 이 중 「초등학생 이너구」는 인간으로 변신한 너구리가 글자를 배우고 싶어 학교에 온다는 설정이다. 너구리의 특성을 초등학생 어린이의 행동과 연결해 재미나게 풀어냈다. 인물의 엉뚱한 매력에 빠져 흥미롭게 읽을 수 있다.

만화경 속에 빛나는
여러 결의 마음 빛깔

『아홉 살 하다』

김다노 글 | 홍그림 그림
책읽는곰 | 2021

"그건 좀 2학년답지
못한 것 같아."

아홉 살이 된 아이들은 이제 무엇이든 제 마음대로 할 수 없다는 걸 알아요. 교실 안에서 잘 지내기 위해서는 친구를 불편하게 하는 행동을 하면 안 된다는 것쯤은 알지요. 규칙을 만들면 잘 지킵니다. 오히려 규칙을 지키는 것을 뿌듯하게 여겨요. 물론 잘 안 될 때도 있지요. 이 책은 그 시기 아이들의 욕구와 교실이라는 작은 사회의 규칙이 계속 부딪칠 때 아이가 고민하는 과정을 잘 담았어요. 아홉 살 '하다'는 2학년 교실에 꼭 있을 법한 아이입니다.

「하다와 만보기」는 하다가 알림장 내용을 끝까지 듣지 못해 일어나는 일을 그립니다. 하다는 첫 숙제를 잘할 자신이 있었어요. '아끼는 물건 자랑하기'거든요. 그런데 하다는 그 물건을 다른 친구와 교환해야 하는 것은 몰랐어요. 내 물건을 자랑하고 싶었을 뿐인데 갑자기 친구와 바꾸어야 한다니 얼마나 속상할까요?

하다는 여러 가지 방법을 찾아봅니다. 가만히 앉아 울기만 할 하다가 아니거든요. '만보기'를 사수하기 위한 노력은 뜻대로 되지 않지요. 고민 끝에 하다는 약속을 지키기로 합니다. 하다는 이 사건으로 신남, 어리둥절함, 속상함, 기쁨 등 다양한 감정을 느꼈지요. 만화경 속에 나타나고 사라지는 다양한 빛깔과 무늬처럼 말이죠. 이 동화는 한 가지 일에 하나의 마음만 있지 않다는 걸 보여줍니다.

「하다와 돈 안 드는 선물」에서 하다와 친구들은 스승의 날에 '박시우 선생님'께 드려도 괜찮은 선물을 찾아 나섭니다. 말라비틀어진 물티슈, 구취 제거 사탕, 박시우 선생님이 버린 의자까지 찾고 또 찾습니다. 하다는 '선물을 주면 선생님이 나를 특별히 예뻐해주겠지?'라고 내심 기대해요. 그 일로 담임선생님은 곤란할 일을 겪어요. 하다는 진심으로 선생님을 걱정합니다. 나만 예뻐해주면 좋겠다는 기대와 선생님을 위하는 마음이 모두 하다 안에 있습니다. 이야기는 "그 두 마음 다 괜찮아, 그럴 수도 있지"라고 다독여주며 끝납니다.

하다는 늘 앞에 놓인 문제를 쉽게 포기하지 않아요. 이름이 '하다'인 것처럼요. 무언가 궁리하고 방법을 찾아 나섭니다. 만보기를 지키기 위해 서명을 받으러 다니고, '세상에서 가장 귀여운 고양이 도감'을 차지하기 위해 예원이에게 줄 더 재미있는 책을 열심히 찾아요. 박시우 선생님께 드릴 선물을 찾아서 온 학교를 뒤집니다. 그렇게 무엇이든 하다 보면 길이 생깁니다.

하다가 하는 일들이 늘 계획대로 되는 건 아니에요. 전혀 예상치 못한 방향으로 흘러가기도 하지요. 그러나 포기하지 않고 계속 궁리하며 길을 찾으면 어떤 작은 일이 실마리가 되어 고민이 스르르 풀립니다. 중요한 건 하다가 스스로 방법을 찾는다는 겁니다. 모든 걸 하다 혼자 해결하는 것도 아니에요. 재천이나 예원이 같은 주변의 친구들, 사서 선생님처럼 학교에는 함께 고민해주는 사람도 많습니다.

아홉 살의 사회생활은 쉽지 않아요. 짝도 만들어야 하고 선생님께도 잘 보이고 싶지요. 내가 잘하는 것, 가지고 있는 것을 자랑하고 싶고, 친구들에게 부러움도 사고 싶어요. 그 과정에서 다양한 감정을 느낍니다. 작가가 아홉 살을 '첫 아홉수'라 말한 건 초등 2학년 학교생활이 이토록 녹록하지 않다는 뜻일 거예요. 그런 일들을 겪으며 가끔은 꾹 참아야 할 때도 있다는 걸 배워요. 또, 선생님이 나만 사랑해줄 수는 없다는 것도 알아갑니다. 분명한 건 어린이들은 그 과정에서 자라고 있다는 겁니다. 만보기의 걸음 수처럼 차곡차곡 그 경험이 쌓이는 중이에요. 이 책은 그런 아홉 살을 한껏 응원하게 하는 동화책입니다.

이런 점이 좋아요!

- 저학년 교실 속에서 있을 법한 이야기를 구체적인 상황과 대화에 담았어요.
- 많지 않은 인물, 쉬운 어휘, 대화체로 되어 있어 저학년이 혼자 읽기 쉬워요.
- 학교에서 흔히 겪을 법한 어려움을 맞닥뜨린 아이들이 느끼는 다양한 결의 감정과 생각을 담았어요.

더 이야기 나눠봐요!

1. 하다의 '만보기'처럼 친구들 앞에서 소개하고 싶은 물건은 무엇인가요?
2. 하다는 늘 문제가 생기면 해결 방법을 찾아보려 애써요. 나도 내 힘으로 어떤 문제를 해결하기 위해 방법을 찾으려고 한 적이 있나요?
3. 세 아이가 『가려진 고양이 얼굴』이라는 책을 좋아하게 된 이유를 써봐요.

함께 읽으면 좋은 책

하다와 황천행 돈가스 김다노 글 | 홍그림 그림 | 책읽는곰 | 2021

하다 시리즈의 두 번째 이야기이다. 하다는 친구들 앞에서 멋지게 보이고 싶어서 무모한 도전을 한다. 매운맛 음식, 줄넘기, 사진 찍기에 될 때까지 끊임없이 도전하는 집념과 솔직한 마음을 털어놓는 용기를 갖게 된 하다의 성장한 모습을 만날 수 있다.

내 꿈은 조퇴 배지영 글 | 박현주 그림 | 창비 | 2020

초등학교 3학년 선규의 이야기 두 편이 실려 있다. 평범한 생활 속에서 "바로 지금!"에 집중하는 어린이를 만날 수 있다. 선규의 생각이 주변 인물들과 상황 속에서 깊어지는 과정을 탄탄한 이야기 구성으로 잘 표현했다.

화해하기 보고서 심윤경 글 | 윤정주 그림 | 사계절 | 2011

싸우는 것도 화해하는 것도 온통 서툰 어린이들에게 작가는 화해하기 보고서를 써보자고 제안한다. 싸우는 건 무조건 나쁘다고 말하는 게 아니라 싸우는 과정을 되짚다 보면 잘 화해하는 길도 보이지 않을까? 질문을 던지는 책이다.

매일 새 길을 개척하는 어린이

『학교 가는 길을 개척할 거야』
박효미 글 | 김진화 그림
사계절 | 2010

"좋아, 내일부터 우리 둘이 새 길을 개척하자."

"이 길은 나무 엉덩이 길이야. 나무가 엉덩이를 쑥 하고 내밀고 있거든."

학교 가는 길, 아이는 허리가 굽은 듯이 휜 나무가 나란히 서 있는 길을 지나면서 조잘조잘 이야기를 합니다. 길에서 만나는 모든 것들에 이름을 붙일 기세지요. 아이는 매일 만나는 나무도 새롭게 보고 이름을 붙입니다. 『학교 가는 길을 개척할 거야』에도 '민구'와 친구들이 찾고 이름 붙인 이야기들이 가득합니다.

  늘 엄마가 가르쳐준 하나뿐인 길로 학교에 가던 민구는 문득 빠르지만 심심하고 지루한 길이 아니라 '나만의 길'을 개척하고 싶어집니다. 날마다 지나치던 과일 가게의 뒷문을 지나고 골목을 돌고 돌아 고등학교 담벼락도 지나지요. 흰둥이 강아지도 만나고 고등학생 형도 만납니다. 새로운 길로 가는 바람에 평소보다 늦게 학교에 도착하지만 아이에게 그 길은 특별합니다. 스스로 개척한 길이니까요.

  아이에게는 등굣길도 개척의 대상입니다. 어른에게는 늘 똑같은 길이지만 어린이 눈에는 다릅니다. 평범한 일상 속에 마주치는 것을 자세히 살피고, 새로운 눈으로 보고, 자기만의 이름을 붙여가지요. 아이가 새롭게 찾았다고 말하는 길은 어른들이 보기에는 어제와 같은 길입니다. 아니 오히려 멀리 돌아가는 길이지요. 하지만 민구는 새로운 길을 찾는 도전을 하면서 재미를 찾아갑니다. 내일은 친구 '은결이'랑 함께하니 또 다른 새로운 길을 개척하게 되겠지요.

  아이에게는 학교 가는 길을 찾는 것만이 개척은 아닙니다. 민구와 은결이처럼 자신들만의 놀이를 만들거나 놀이 규칙을 만드는 것도 개척입니다. 두 사람 마음에 꼭 드는 놀이를 하기 위해 고민하고 생각을 맞추어가는 과정도 새로운 길을 찾는 것이지요. 교실에서 만나는 우리 아이들도 그래요. 친구와 함께한 모든 순간이 놀이이기 때문에 아이들은 친구들과 새로운 세상을 개척해가는 중입니다.

아이들의 놀이는 시시각각 새롭게 변합니다. 민구와 친구들은 놀이터에서 놀다 우연히 파헤친 구덩이 하나 때문에 함정놀이를 시작하지요. 교실에서 만나는 아이들에게도 비 갠 뒤 운동장에 생긴 물웅덩이 역시 새로운 놀잇감입니다. 나무로 휘젓기도 하고 일부러 웅덩이에 빠져서 첨벙대며 젖기도 해요. 그 모든 순간이 아이들에게는 기쁨이지요. 민구와 친구들이 스스로 함정에 빠지면서 깔깔 웃던 것처럼 말이에요.

학교에서 만나는 우리 아이들도 민구처럼 놀아요. 화단에 사는 개미와 작은 벌레도 눈을 빛내며 한참을 들여다봅니다. 길가에 떨어진 돌멩이 하나도 그냥 지나치지 않아요. 소중하게 들여다보고 나만의 이야기를 만들어갑니다. 주변의 익숙한 것을 낯설게 바라보고 새롭게 발견한 것을 놓치지 않아요. 아이는 즐거움과 흥분으로 얼굴을 반짝이며 평범한 일상의 풍경과 놀이를 다시 바라봅니다.

이 책을 읽는 어린이는 민구를 보면서 자신이 했던 개척에 대해 생각합니다. 새로운 길을 찾고 놀이를 찾아가는 과정에서 느꼈던 흥분을 떠올리겠지요. 그때의 설렘과 즐거움도 다시 느낍니다. 나랑 꼭 닮은 민구가 노는 것을 보며 대리만족을 느껴요. 우리 아이들도 구경만 하고 있지 않겠지요. 민구와 은결이처럼 새로운 길과 놀이를 찾으러 밖으로 나가고 싶어질 것입니다.

 **이런 점이 좋아요!**

- 즉흥적으로 그린 듯한 삽화가 인물의 특징을 잘 드러내요.
- 낯익은 것을 새롭게 보는 어린이의 특징이 잘 드러나 있어요.
- 민구와 친구들의 대화를 소리 내어 읽기 좋아요.

 더 이야기 나눠봐요!

1. 민구는 학교 가는 길을 개척합니다. 나는 어떤 길을 개척하고 싶나요?
2. 민구와 은결이는 제비뽑기로 놀이를 정하기로 했어요. 나는 친구와 함께 놀 때 어떤 방법으로 놀이를 결정하나요? 예) 제비뽑기, 가위바위보
3. 민구와 친구들은 내일 또 무슨 놀이를 하고 놀까요?

 함께 읽으면 좋은 책

겁보만보 김유 글 | 최미란 그림 | 책읽는곰 | 2015

만보는 세상 모든 것이 무서운 아이다. 겁 많은 아이 만보가 용기 내어 심부름을 나선다. 고개를 하나씩 넘을 때마다 과업을 하나씩 해결하면서 자신의 한계를 뛰어넘고 세상으로 나아간다. 나도 만보처럼 고개를 넘어 심부름을 갈 수 있을까 생각해보게 하는 책이다.

학교 가기 싫은 날 김기정 글 | 권문희 그림 | 현암사 | 2014

지붕까지 눈이 쌓이다니! 학교 가기가 싫은 노아는 너무 신났다. 학교를 안 갈 수 있으니까. 학교 가기 싫은 아이의 마음을 담은 엉뚱한 상상을 재미있게 풀어냈다. 도깨비방망이나 호랑이 같은 전래동화의 요소도 곳곳에 담겨 있다.

뜀틀의 학교 탈출

무라카미 시이코 글 | 하세가와 요시후미 그림 | 김숙 옮김 | 북뱅크 | 2021

'제멋대로 휴가' 시리즈 7탄으로 모든 물건에 마음이 있다고 생각하는 흥미진진한 생각이 잘 표현된 작품이다. 체육관의 '뜀틀'과 겐이치의 짧지만 신나는 점심시간은 아이들이 우리 주변의 사물을 새로운 눈으로 보게 한다.

어린이에게는 스스로 문제를 해결할 힘이 있어요

『구름사다리로 모여라』

정이립 글 | 김무연 그림
별숲 | 2022

"구름사다리가 그래.
한 번 떨어졌다고 해서
실망하지 않아. 다시 잡게 되지."

    쉬는 시간이나 점심시간의 교실 풍경을 관찰해보면 참 다양한 아이들이 보입니다. 뭐가 그리 즐거운지 깔깔 웃고, 종이로 접은 팽이 돌리기에 정신이 없어요. 단순해 보이는 블록 놀이에도 진심을 다하느라 할 말들이 많고요. 서로 의견이 안 맞으면 말다툼하거나 투닥거리는 일도 생기지요. 그런데 싸웠던 아이들이 언제 다투었나 싶게 다음 쉬는 시간에 또 같이 신나게 놀아요. 어린이는 이렇게 또래 친구와 함께 부대끼고 놀면서 단단하게 여물어갑니다.

저학년 시기는 몸을 움직이면서 노는 일이 하루 일과의 많은 비중을 차지합니다. 『구름사다리로 모여라』는 저학년의 특징과 놀이 문화를 잘 보여주는 동화예요. 놀이터와 구름사다리라는 공간에서 벌어지는 2학년 아이들의 역동이 생생하게 나타나 있어요. 놀면서 겪는 또래 이야기를 통해 건강하고 어린이다운 모습을 볼 수 있어서 아이들에게 반응이 좋았습니다.

잘하고 싶은데 그럴수록 잘되지 않는 일들이 많아서 속상한 마음이 들 때가 있어요. '아인'이도 그렇습니다. 모둠 활동을 할 때는 긴장을 많이 해서 실수하고 친구들에게 미안해합니다. 놀이를 하면 술래에게 제일 먼저 잡힙니다. 아인이는 경찰과 도둑 놀이에서 잡힌 벌칙으로 매번 구름사다리 밑에 서 있기가 지루해지자 올라가서 매달려봅니다. 처음엔 금방 떨어졌지만, 점점 한 칸 두 칸 건너갈 수 있게 되지요. 손바닥이 아픈 걸 참고 연습을 계속하니 굳은살이 박였지만 그만큼 힘이 세집니다.

아인이는 느려도 포기하지 않고 매사에 열심히 노력합니다. 하지만 친구 관계가 쉽지 않아요. '정태'라는 아이가 유독 아인이를 무시하고 놀리는데 제대로 대응하지 못해 괴롭힘을 당하지요. 그래도 매일 아인이가 구름사다리에 매달려 재미있게 놀자 다른 친구들이 자연스럽게 다가와 함께 어울리게 되었습니다. 어떻게 하면 잘 매달릴 수 있는지 서로 방법도 가르쳐주고 잘한다고 응원해주면서요. 덕분에 몸과 마음에 알통이 생긴 아인이는 진짜 용기를 꺼내기 시작합니다.

동화를 읽는 동안 혹시 아인이가 너무 상처받고 힘들어하면 어쩌나 조마조마했어요. 그래서 아이들이 갈등 상황을 풀어가는 방법에 주목해서 읽었습니다. 작가는 아이들에게 건강한 내면의 힘이 있다는 점을 잘 그려냈어요. 주변 친구들은 대장 노릇을 하려는 정태의 거친 말과 행동을 허용하지 않습니다. 겁먹고 그냥 피하거나 모른 척하지 않아요. 친구들끼리는 그러면 안 된다고 씩씩하게 이야기합니다. 이미 아이들은 평화롭게 같이 노는 최선의 방법이 무엇인지 알고, 문제가 생기면 해결할 힘도 가지고 있습니다.

아이들에게는 안전한 공간에서 실패할 기회, 또래와 관계 맺기를 연습할 기회가 필요합니다. 직접 경험하면서 배워야 스스로에 대한 자신감을 키워나갈 수 있어요. 또래와 밖에서 많이 어울려 놀며 시행착오도 겪어야 합니다. 그래야 친구들과 잘 지내는 법, 더 노력이 필요한 부분, 어울려 놀이하는 법 등을 알게 되니까요.

어른들의 도움 없이 아이들끼리 놀면서 방법을 찾고 건강하게 한 뼘 성장하는 이야기라서 좋습니다. "인큐베이터에서 석 달이나 견디고 이겨낸 아인이는 뭐든 할 수 있을 거야"라고 한 아인이 아빠의 말처럼 이 책은 아이들이 스스로 통과해야만 하는 시간과 과정을 응원해줍니다. 아이들이 스마트폰 세상에서 손가락만 움직여 혼자 놀지 말고, 놀이터에서 뛰놀며 몸과 마음에 단단한 근육을 키워 가기를 바라는 마음으로 권하는 책입니다.

 이런 점이 좋아요!

- 저학년 아이들의 특징과 놀이 문화를 엿볼 수 있어요.
- 대화를 통해 또래 간의 갈등을 해결하는 의사소통 방법이 흥미로워요.
- 처음엔 잘 안 되고 힘들어도 꾸준히 노력하면 잘하게 된다는 것을 알려줘요.

 더 이야기 나눠봐요!

1. 친구들과 서로 의견이 맞지 않을 때는 어떻게 해결하나요?
2. 내가 들었던 응원과 격려의 말 중 가장 기억에 남는 말은 무엇인가요?
3. 처음에는 어려웠는데 나중에는 잘하게 된 일이 있나요? 그때 기분은 어땠나요?

함께 읽으면 좋은 책

여덟 살은 울면 안 돼? 박주혜 글 | 서현 그림 | 문학과지성사 | 2022

여덟 살이 된 힘이는 학교에 가게 되었다. 그러나 기대를 품은 학교생활은 만만치 않다. 힘이는 발표를 잘 못해서 울고 그걸로 친구들이 놀려서 속상하다. 처음 시작한 학교생활에서 경험하는 다양한 일들, 짝꿍과 친구들, 담임선생님과 겪게 되는 일들을 유쾌하게 그려냈다.

싸워도 돼요? 고대영 글 | 김영진 그림 | 길벗어린이 | 2013

2학년이지만 덩치가 큰 우진이는 병관이와 한솔이를 '꼬마'라고 놀리며, 주먹을 쥐고 때릴 듯이 겁을 주기도 한다. 병관이는 참고 참다가 아빠에게 우진이와 싸워도 되냐고 묻는다. 또래 관계에서 갈등 상황을 어떻게 해결해야 할지 고민하는 아이에게 읽기를 권하는 그림책이다.

놀이터 미션 백혜진 글 | 최지영 그림 | 좋은책어린이 | 2023

승민이는 집에서 혼자 있는 것도 무서워하고 겁이 많은 아이다. 놀이터에서 구름사다리 타는 것조차 겁내는 아이였는데 놀이터에서 놀다가 미끄럼틀 안에서 우연히 무언가를 발견한다. 승민이는 그 미션을 해결하면서 점점 용기를 얻고 친한 친구까지 생기게 된다.

저학년을 위한 동화 2

책 읽는 맛 경험하기

외계인과 친구 되는
노아의 다락방으로 초대합니다

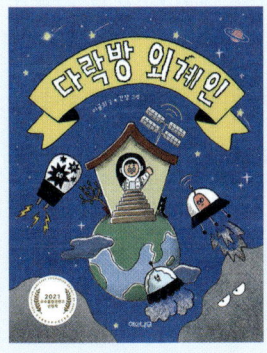

『다락방 외계인』
이꿀희 글 | 간장 그림
해와나무 | 2021

"여긴 링가별이 아니라 지구야.
이 다락방에서는 모두가
똑같다고."

    엄마를 잃은 '노아'는 아빠가 일하러 간 동안 삼촌 집에 맡겨집니다. 기대했던 것과 달리 삼촌은 노아를 쌀쌀맞게 대하지요. 좁고 추운 다락방에서 지내게 된 노아는 외롭고 무섭습니다. 그런데 이 다락방에서 노아는 외계인을 만나게 됩니다. 우주의 모든 별을 빼앗는 검은 군대를 피해 지구에 숨어든 외계인들이 노아가 있는 다락방에 모인 것이죠.

외계인 '치르' '푸푸' '라이'는 친근하고 아기자기한 생김새는 물론 저마다 다른 능력을 갖고 있습니다. 치르는 더듬이로 상대방이 자신의 말을 알아듣게 만들고, 푸푸는 품에 안기는 존재를 행복하게 해주지요. 라이들은 부서진 것을 말끔하게 고칠 수 있습니다. 이런 능력 때문에 엉뚱한 일이 일어나기도, 가슴 따뜻한 장면이 펼쳐지기도 해요.

외계인과 노아는 '갈 곳 없고 외로운 존재'라는 공통점이 있습니다. 작가는 이들이 서로를 알아가고, 서로에게 의지하게 되는 과정을 따뜻하고 유쾌하게 그려냅니다. '세상에서 가장 불행한 아이'였던 노아는 '외계인들의 유일한 지구인 친구'가 되어 행복해지지요. 이제 노아는 다락방 밖으로 나와 더 많은 친구들을 만납니다.

『다락방 외계인』은 저학년 어린이가 재미있게 읽을 수 있는 요소를 두루 갖췄습니다. 장소는 다락방이란 공간에 한정되어 있고, 사건 전개가 매우 빠릅니다. 각 인물의 서사도 필요한 만큼만 드러내어 어린이가 혼자 읽기에 어려움이 없습니다. 등장하는 외계인도 무섭기보다는 귀여워서 요즘 어린이들이 좋아할 만합니다.

또한 읽는 재미를 주는 동시에 의미 있는 이야깃거리를 품고 있어 책 권하는 어른에게도 즐거움을 줍니다. 치르는 자신의 생각과 감정을 거침없이 말하는데, 같은 외계인이면서도 언어가 없는 푸푸나 라이들을 무시하고 다락방에 들이지 않으려 합니다. 노아는 이런 치르에게 힘주어 반대하지요. 생김새나 성격, 특징으로 친구를 구별 짓지 않고 한데 어울리는 어린이의 다정함을 보여줍니다.

다락방에 위기가 닥치면서 삼촌 또한 '엄마를 잃'고, '집을 잃'은 사람임이 드러나는데요. 이를 통해 어른도 어린이처럼 가족을 상실한 슬픔을 느끼며, 낯선 존재와 가까워지기 무서워한다는 걸 알 수 있지요. 노아가 삼촌의 등을 토닥여주고, 함께 우는 장면은 보는 이의 가슴을 따뜻하게 데워줍니다. 노아의 개인적인 불행에 집중하지 않고, 노아와 외계인 그리고 삼촌까지 서로 의지하며 친구가 되어가는 과정을 그려냈다는 게 이 이야기의 큰 미덕입니다.

우리 모두는 서로에게, 우주에 사는 다른 존재에게 '외계인'입니다. 서로를 온전히 이해한다는 건 불가능하죠. 나와 다르다고 남을 미워하고, 소외시키는 태도는 모두를 불행하게 만듭니다. 이야기에서 우주의 모든 별을 빼앗으려는 검은 군대 때문에 우주 전체가 위험에 빠진 것처럼요. 『다락방 외계인』은 모든 사람이 각자의 빛을 잃지 않고 함께 빛날 때 세상이 평화롭고 아름다워진다는 걸 보여줍니다.

우리 아이는 과연 『다락방 외계인』에서 어떤 이야기를 길어올릴까요? 물론 어린이가 이 모든 의미를 명확히 찾아내며 읽지는 않을 겁니다. 흥미로운 인물이 등장해서 행복한 결말에 이르는, 재미있는 판타지 동화로 읽을 테지요. 혼자 읽어도 재미있는, 술술 읽히는 이야기 정도로 기억할지도 모르겠어요.

그래도 괜찮습니다. 아이들은 다락방에 기꺼이 외계인을 들이고, 그들에게 마음을 내어준 노아의 용기와 배려심을 기억할 거예요. 노아에게 따끈따끈한 우정을 선물한 외계인 친구들의 매력도 흠뻑 맛볼 테지요. 그러니 『다락방 외계인』을 읽은 아이라면 나와 다른 존재에게 조금 더 다정한 마음을 건넬 거라고 기대해도 좋지 않을까요?

이런 점이 좋아요!

- 인물의 말과 행동이 실감 나게 표현되어 있어서 역할 놀이를 하기 좋아요.
- 장소가 다락방으로 한정되고, 등장인물이 많지 않아 저학년이 읽기 좋아요.
- 외로운 어른과 어린이, 외계인이 '함께' 우정을 쌓는 따뜻한 이야기예요.

더 이야기 나눠봐요!

1. 어떤 인물 혹은 어떤 장면이 가장 기억에 남나요? 이유도 말해보아요.
2. 치르, 푸푸, 라이의 능력 중 어떤 것을 갖고 싶은가요? 그 능력으로 할 수 있는, 세상에 도움이 되는 일을 한 가지만 생각해보세요.
3. 삼촌 집에 처음 오던 날의 노아와 마지막 장면에서의 노아는 무엇이 달라졌나요? 왜 그렇게 생각하나요?

함께 읽으면 좋은 책

장갑 에우게니 M. 라쵸프 그림 | 배은경 옮김 | 한림출판사 | 2015

눈 쌓인 숲속에 버려진 장갑 한 짝. 추위를 피하려는 동물들이 하나둘 장갑 속으로 들어온다. 장갑은 점점 비좁아지지만 동물들은 누구 하나 불평하지 않는다. 다른 친구들을 위해 기꺼이 자리를 양보하는 동물의 모습을 보며 마음이 따뜻해지는 그림책이다.

아이들이 줄줄이 이야기가 줄줄이 이소완 글 | 박지윤 그림 | 산하 | 2023

새로운 동네에 이사 와 혼자 지내던 보라. 보라는 공원 바닥에 쌓인 낙엽으로 고양이를 만든다. 고양이의 눈은 빨간 장갑으로 만들어졌는데, 이 빨간 장갑을 우연히 발견한 쌍둥이 형제는 주인을 찾아 나서기 시작한다. 장갑 주인 찾기에 참여하는 아이들이 한 명씩 늘면서 재미난 이야기가 이어진다. 덕분에 보라에게는 여러 명의 친구가 생긴다.

콩이네 옆집이 수상하다! 천효정 글 | 윤정주 그림 | 문학동네 | 2016

강낭콩만 한 생쥐 콩이네 옆집에 한 동물이 이사 온다. 콩이는 두더지 빽, 개구리 씨니, 청설모 깡군을 차례로 만나며 이사 온 동물에 대한 소문을 듣는다. 옆집에 이사 온 동물이 과연 어떤 동물일지 추리하는 과정이 흥미롭고, 저마다 다른 성격을 지닌 동물 친구들을 만나는 재미도 있다.

고민과 걱정을 날려 보낼 상상의 힘

『금두껍의 첫 수업』
김기정 글 | 허구 그림
창비 | 2010

"비도 다 같은 비가 아니겨.
다 다름겨."

일상이 지루한 어느 날, 상상의 나래를 펼치며 시간을 보낸 경험이 있나요? 상상 속에서 우리는 어디든 갈 수 있고, 누구든 만날 수 있어요. 그게 얼마나 실현 가능한지는 문제될 게 없어요. 그렇게 시간을 보내고 나면 뭔가 해소되고 편안한 느낌이 들어요. 새로운 곳으로 나아갈 힘과 용기도 얻지요. 『금두껍의 첫 수업』에는 공간과 시간을 넘나드는 즐거운 상상의 이야기가 열 편이나 실려 있습니다.

「학교가 사라진 날」과 「금두껍의 첫 수업」은 학교 가기 싫은 아이의 마음을 잘 담아냈어요. '노야'가 학교 이름을 지우개로 쓱쓱 지우자 실제로 학교가 사라져버려요. 작가는 어린이에게 연필을 쥐여주며 원하는 학교의 모습을 마음껏 그려보라고 해요. 노야는 신이 나서 자기가 원하는 학교를 그립니다. 그러다 보니 처음 걱정이 무엇이었는지도 까맣게 잊어버리지요.

이런 대범한 상상력은 「금두껍의 첫 수업」에도 나타납니다. '검지' 앞에 갑자기 나타난 '금두껍' 선생님은 "니만 이뻐해줄겨"라며 능청스러운 사투리로 검지가 가장 듣고 싶은 말을 해주지요. 그리고 교실은 커다란 늪으로, 아이들은 동물로 만들어버려요. 작가는 어린이의 불안한 마음을 가볍게 다루지 않아요. 그 나이 또래 아이들이 할 법한 걱정과 고민을 상상력으로 시원하게 해소해줍니다.

또, 이야기는 우리를 춥고 눈 오는 겨울 숲속이나 여우 백 마리가 서 있는 생선 가게에도 데려갑니다. 갑작스럽게 닥친 곤경에도 「토끼 군에게 생긴 일」의 '토주' 씨와 「상냥한 여우 씨와 식구들」의 '수로'는 재미나고 지혜로운 방법으로 그 위험을 헤쳐나갑니다. 밤중에 다정한 손님이 방문해 행복해하기도, 무시무시한 괴물에게 도전장을 받아 이가 덜덜 떨릴 만큼 긴장하기도 하지요. 작가는 「어저께 호랑이」에 나오는 아이를 통해 어른의 욕심 많은 태도를 살짝 비트는 해학도 잊지 않습니다. 단편마다 천진난만한 유머와 능청스러움이 가득합니다.

뒷부분에는 다정하고 마음 묵직한 이야기가 실려 있어요. 「시인과 선생님」에서 선생님은 아이가 떠나고 나서야 갑자기 자기보다 더 큰, 아이의 선생님 사랑을 발견하고는 눈물을 흘립니다. 「만보의 자장면」 속 '만보'의 우직한 기다림과 할아버지에 대한 사랑은 독자까지 숙연하게 만듭니다. 어린이의 진심은 어른의 마음을 움직이고 눈물 흘리게 하지요.

책 속 인물은 알고 보면 모두 우리 주변에서 만날 수 있는 어린이입니다. 학교 가기 싫은 어린이부터 가족을 소중히 여기는 어린이까지, 다채로운 상황에 놓인 아이들이 상상의 세계를 만나 걱정을 해소하고 환하게 웃습니다. 독자는 인물을 따라 긴장하며 읽어가다 끝에 가서 안심합니다. 작가가 애정과 사랑을 듬뿍 담아 어린이를 진실하고 큰 힘을 가진 존재로 그려냈기 때문이지요.

이 책은 눈으로 읽지 말고 꼭 소리 내어 읽으면 좋겠습니다. 그러면 차진 말맛이 더 잘 드러나요. 살아 움직이는 듯한 생생한 표현도 가득하지요. 작가가 나긋나긋 읽어주는 이야기를 지그시 눈 감고 듣고 싶어집니다. 이 동화에서는 소리도 그냥 전달되지 않습니다. 바람처럼 창문을 뚫고 복도를 훑다가 가슴에 덜컥 내려앉지요. 익살스러운 그림을 보는 재미도 놓치지 마세요. 부담 없이 마음에 드는 한 편의 이야기를 꺼내 읽고 다시 책을 탁 덮으면 됩니다.

추운 겨울, 심심할 때 하나씩 골라 읽고 싶은 이야기가 가득 담긴 동화책입니다. 해야 할 것은 많지만 매일 똑같은 일만 하며 지루해하는 어린이들에게 이 동화가 바람처럼 내려앉아 재미난 순간을 선물해줄 것입니다. 상상의 힘이 얼마나 큰지 이 책을 통해 어린이들이 경험하면 좋겠습니다.

이런 점이 좋아요!

- 작가의 기발한 상상력으로 만들어낸 독특한 인물과 세계가 살아 움직여요.
- 차진 말맛과 능청스러운 사투리가 살아 있어요.
- 걱정하는 어린이를 다정하게 보듬는 어른을 만날 수 있어요.

더 이야기 나눠봐요!

1. 「학교가 사라진 날」 여러분이 연필로 새 학교를 그려 넣는다면 어떤 학교를 그리고 싶나요?

2. 「금두꺼비 첫 수업」 금두꺼비 선생님을 만난다면 어떤 말을 가장 듣고 싶나요?

3. 「상냥한 여우 씨와 식구들」 돛도, 노도 없이 떠내려간 여우 씨 식구들은 어떻게 되었을까요?

함께 읽으면 좋은 책

학교가 문을 닫았어요 박효미 글 | 김유대 그림 | 미래엔아이세움 | 2014

용두동 곳곳을 탐험하는 용희는 매일매일 신난다. 평소 어른으로부터 이해나 공감을 받지 못한 어린이들이 용희와 한 편이 되어 이야기를 즐길 수 있다. 세상이 용희에게 얼마나 멋지고 중요한 공간인지 유쾌하게 잘 담아냈다.

조막만 한 조막이 이현 글 | 권문희 그림 | 휴먼어린이 | 2018

조막이는 남들과 다른 쬐주머니를 타고났다. 그는 자기만의 속도로 멋지게 자라 마을을 도적으로부터 구한다. 옛이야기의 문법을 가져와 익숙하게 느껴지는 이야기다. 하지만 마지막에 이르면 '아하!' 하고 작가의 깨인 시각에 탄성을 지르게 된다. 유쾌하고 재미난 이야기 속에서 단단하고 당찬 어린이를 발견할 수 있는 책이다.

콩알 아이 윤여림 글 | 김고은 그림 | 천개의바람 | 2022

대가족과 함께 살지만 혼자 보내는 시간이 많은 콩알 아이는 특히 관찰력이 뛰어나다. 콧구멍 속 덜덜 벌레와 치치치치치치치 이야기 등 어른들은 발견하지 못하는 것을 볼 줄 아는 콩알 아이의 모습이 실감 나게 표현되어 있다.

중요하지 않은 건 까먹어도 괜찮아

『까먹어도 될까요』

유은실 글 | 경혜원 그림
창비 | 2022

"우리 다람쥐는 멋진 것 같다.
도움받은 걸 까먹지 않으니까.
도와준 건 잘 까먹으니까."

저학년 동화는 분량도 적고, 누구나 쉽게 이해하기 쉬운 말로 쓰여 있습니다. 그렇기 때문에 책이 다루는 주제나 내용이 가볍고 쉬울 거라고 여기지요. 하지만 저학년 동화 중에서도 의외로 묵직한 주제로 많은 생각거리를 던지는 이야기가 있어요. 읽고 나서도 여운이 남아 여러 번 다시 읽게 됩니다.『까먹어도 될까요』도 그런 책 중 한 권이에요.

작가는 '까먹다'라는 단어가 가진 중의적인 뜻을 이용해 이야기를 전합니다. '다람쥐가 도토리를 까먹다'와 '생각이나 기억을 까먹다'라는 의미가 모두 잘 담겨 있지요. 까먹마을 다람쥐들은 잘 까먹어요. 도토리 껍질도 잘 까먹고, 도토리를 묻은 곳도 잘 까먹습니다. 내가 먹은 게 누구의 도토리인지, 누가 더 많이 먹었는지 따지고 들거나 궁금해하지 않아요. 하지만 주인공 '줄무늬'는 달라요. 이런 상황이 불공평하다고 느끼고, 까먹지 않기 위해 애를 씁니다.

반 아이들도 줄무늬의 생각에 많이 공감했어요. 실제로 교실의 아이들 사이에서는 일일이 따져보는 상황이 자주 벌어집니다. 아직 어린 2학년은 남과 똑같이 가지거나 누리려고 다툴 때가 많아요. 상황이나 대상과 상관없이 '무조건' 똑같은 것이 공정하다고 생각하기 때문이죠. 까먹마을의 생활을 견디지 못한 줄무늬는 결국 '최초로 안 까먹는 특별한 다람쥐'가 되어 마을을 떠나기로 해요. 다른 다람쥐들과 달리 자기만의 방식으로 살아가기를 택합니다.

그러던 어느 날 지진이 일어나 줄무늬는 크게 다쳐요. 까먹마을 다람쥐들이 한달음에 달려와 줄무늬와 아이들을 구해주지요. 줄무늬는 자신과 아이들을 따듯하게 받아주는 약초 할머니와 까먹마을 다람쥐들 덕분에 기운을 차립니다. 이제 줄무늬는 중요한 것을 깨달았을 테지요. 까먹마을 다람쥐들이 까먹는 것에 불평을 느끼지 않는 이유는 아무나 찾아 먹어야 다 같이 행복할 수 있기 때문이라는 사실을요. 그리고 손해 보지 않으려 혼자 잘 사는 것보다 서로 도움을 주고받는 삶이 가치 있다는 것도 느꼈을 거예요.

책을 읽고 나니 아이들과 질문을 나누고 싶었습니다. '까먹어도 되는 건 어떤 것이고 까먹지 말아야 하는 건 무엇일까?' 까먹어도 되는 일로 친구와 싸운 일, 부모님께 혼난 일, 무서웠던 일, 시험을 못 본 일, 물건을 잃어버린 일 등 부정적인 경험을 주로 얘기했습니다. 까먹으면 안 되는 일로는 가족의 이름과 생일, 전화번호와 주소, 학교나 학원 이야기가 많았습니다. 좀 더 의미 있고 중요한 일을 생각해보자고 했더니 친구가 도와준 일, 물건 빌려준 일, 가족과의 추억, 나 자신, 내 존재의 소중함이라는 깊은 이야기도 나왔어요.

까먹마을 다람쥐들은 마음이 넓습니다. 도움이 필요한 곳에는 잽싸게 달려가 도와주고 도와준 것은 빠르게 잊어버리지요. 그리고 자기들과 달리 잘 까먹지 않으려는 줄무늬를 유별나거나 나쁘게 생각하지 않고 열심히 노력한 모습을 인정해줍니다. 이제 줄무늬도 그런 까먹마을 다람쥐들의 지혜와 멋진 공동체성을 이해하게 되었습니다. 똑똑한 줄무늬는 앞으로 누구보다 남을 잘 돕는 다람쥐가 되어 함께 살아갈 것입니다.

독자는 까먹마을 다람쥐들을 보면서 자연히 깨닫게 되지요. 까먹고 못 찾는 도토리가 싹을 틔우고 도토리나무가 되어 모두에게 돌아오는 것처럼, 기꺼이 고생하는 마음들이 모여서 같이 오래오래 행복할 수 있다는 것을요. 책을 다 읽고 나면 '까먹어도 되는 건, 까먹어도 괜찮다'는 줄무늬를 따라 고개를 끄덕이게 됩니다.

작가는 우리 자신이 어떤 존재인지는 절대 잊으면 안 된다는 것도 넌지시 짚어요. 까먹지 않아야 할 것도 놓치지 않다니! 작가의 깊은 생각에 감탄이 절로 나옵니다. 여러 번 읽어도 곰곰이 생각해볼 거리가 많은 이야기예요. 어른과 어린이 모두에게 권하고 싶습니다.

 이런 점이 좋아요!

- 더불어 사는 사회, 공동체의 중요성을 느낄 수 있어요.
- 다람쥐들의 말과 행동을 보고 인물의 성격과 특징을 파악할 수 있어요.
- 우리가 꼭 기억해야 하는 일과 잊어버려도 되는 일이 무엇인지 생각해보게 돼요.

 더 이야기 나눠봐요!

1. 내가 줄무늬였다면 마을에서 사는 것과 마을을 떠나는 것 중 어떤 선택을 했을까요?
2. 이야기 속에서 마음에 드는 인물과 그 이유를 소개해주세요.
3. 세상 사람들이 잊지 않고 꼭 기억하도록 부탁하고 싶은 것을 적어보세요.

함께 읽으면 좋은 책

그건 내 거야! 아누스카 아예푸스 글·그림 | 신수진 옮김 | 비룡소 | 2020

다섯 마리 코끼리는 나무에 열린 맛있게 생긴 열매를 서로 가지려고 다양한 방법으로 떨어뜨리기를 시도한다. 그 틈에 작은 생쥐들은 서로 도와가며 나무에 올라 열매를 따서 옮긴다. 이걸 보고 코끼리들은 서로 돕고 나눌 때 생기는 기쁨을 깨닫게 된다. 협동과 나눔을 배워나가는 아이들에게 적합한 그림책이다.

나도 예민할 거야 유은실 글 | 김유대 그림 | 사계절 | 2013

예민해서 잠을 잘 자지 못하는 혁이를 위해 엄마는 오빠에게만 침대를 사주려고 한다. 그러나 정이는 편식하지 않고 골고루 잘 먹어 행복하고 건강한 소녀다. 잠도 아무 데서나 잘 자는 정이지만 오빠만 침대를 사주는 건 불공평하다고 느낀다. 침대가 갖고 싶어진 정이는 오빠처럼 예민해지기로 결심한다.

내가 제일이다 현덕 글 | 한병호 그림 | 원종찬 엮음 | 창비 | 2015

노마, 영이, 기동이, 똘똘이, 성격이 분명한 네 명의 아이가 등장하는 현덕의 유년 동화집이다. 그 시절 순수하고 천진난만한 아이들의 모습이 잘 드러나 있다. 자기가 잘하는 것을 친구들에게 뽐내고 싶어 하는 아이들이 나오고, 조금 욕심 많은 아이도 나온다. 그런 아이들이 함께 어울려 사는 법을 배우고, 자연의 이치를 깨닫는 모습을 담은 열한 편의 이야기가 담겨 있다.

어린이도 도울 수 있어요

『고양이 택시』

난부 가즈야 글 | 사토 아야 그림
이선아 옮김 | 시공주니어 | 2019

"사람은 탈 수가 없어요.
톰의 택시는 고양이 택시니까요."

매일 아침 교실로 친구들이 먹을 우유를 가져다주는 어린이가 있습니다. 책가방을 메고, 신주머니를 들고, 우유 상자까지 들고 오느라 힘들었을 아이에게 "무겁지? 힘들지 않아?"라고 물어보았지요. 아이는 씩 웃으며 "일등으로 학교에 오니까 우유를 가지고 올 수 있어요. 그냥 재미있어요"라고 말합니다. 자신은 우유를 먹지 않는데도 친구들을 도와주면서 기뻐해요.

『고양이 택시』에는 이런 어린이의 모습을 가진 고양이 '톰'이 등장합니다. 톰은 택시 운전사 '랜스 할아버지'와 살아요. 랜스 할아버지는 고양이에게 도움받는 일은 절대로 없을 거라면서 큰소리쳤지만, 어느 날 다리를 다쳐 일을 하지 못하게 됩니다. 톰은 할아버지를 위해 택시 운전을 시작합니다. 고양이만 탈 수 있는 작은 택시를 몰고 마을로 나서요.

고양이 톰의 택시는 함석 양동이를 망치로 깡깡 몇 번 두드려 만들었습니다. 이 택시에는 엔진도 없어요. 달리기를 잘하는 톰이 택시를 들고 뛰면서 운전하지요. 고양이의 유연한 몸과 가뿐하게 점프하는 능력을 활용한 택시랍니다. 신기한 능력을 써서 운전하는 게 아니라 직접 몸을 움직여 운전한다는 설정이 정겹고 재미나요.

톰의 고양이 택시는 겉보기에 엉성해도 아주 특별합니다. 자전거에 치인 아기 고양이를 위한 구급차가 되고, 은행 강도를 쫓는 경찰차가 되기도 합니다. 길 잃은 할머니 고양이의 집을 찾아주기도 하고, 소녀의 생일 케이크를 배달하기도 하지요. 택시 이용 요금은 단돈 1파운드! 택시의 운행 거리나 일이 얼마나 어려운지와 상관없이 같은 요금을 받아요. 톰은 큰 보상을 바라지 않고, 진심을 다해 손님을 돕습니다.

작가는 고양이 톰을 통해 자신의 일에 최선을 다하는 사람이 얼마나 멋진지 보여줘요. 누군가를 돕는 사람의 모습이 얼마나 빛나는지 알려줍니다. 이런 톰의 모습은 무거운 우유 상자를 들고 오면서도 환하게 웃던 우리 반 아이를 닮았어요. 제힘으로 할 수 있는 일을 찾아 아무런 보상도 바라지 않고 해냅니다. 누가 알아주기를 바라지도 않지요. 내가 건넨 작은 친절이 누군가에게 도움이 된다는 것만으로 기뻐합니다.

톰이 베푼 친절은 결국 톰 자신을 행복하게 해줘요. 마을 주민들이 고양이 택시를 무척 사랑하게 되거든요. 마을 택시 아저씨들은 톰을 택시 공동체의 일원으로 받아줍니다. 은행 강도를 쫓아간 톰이 등대에 갇히게 되자, 마을 택시들이 경적을 울리며 함께 나서는 장면에서는 독자도 든든한 마음이 들지요. 길고양이 톰이 랜스 할아버지의 가족이 되고, 고양이 택시를 운전해서 제 몫을 하며 마을의 구성원으로 자리매김하니 흐뭇합니다.

아이들은 톰을 통해 자기 안의 선한 마음을 발견할 거예요. 잠든 엄마에게 이불을 살짝 덮어줬던 일, 짝꿍에게 새로 산 연필을 빌려준 일, 넘어진 어린 동생 손을 잡아 일으켜 세워 준 일 등 자신이 무심코 베푼 친절을 떠올리고, 그것이 엄청 근사한 일이란 걸 새삼 깨닫게 될 겁니다. 그런 자신이 꽤 멋져 보여서 괜히 어깨를 으쓱하게 될지도 몰라요.

요즘 세상에는 자기만 생각하는 사람, 작은 손해도 보지 않으려 애쓰는 사람이 점점 많아지는 것 같아 걱정입니다. 교실에서 만나는 어린이가 그런 모습을 보일 때면 가슴이 쿵 무너집니다. 어린이가 자라 어른이 되고, 그 어른들이 모여 세상을 이룰 테니까요. 저는 아이들이 서로에게 조금 더 너그럽고, 서로에게 조금 더 다정한 어른으로 자라길 바랍니다. 그런 마음으로 『고양이 택시』를 권해요.

 이런 점이 좋아요!

- 고양이의 생태적인 특징을 잘 보여줘요.
- 고양이 택시로 할 수 있는 다양한 일을 생각해보는 재미가 있어요.
- 작은 존재가 베푼 큰 친절에 대해 이야기하는 작품이에요.

 더 이야기 나눠봐요!

1. 고양이 톰이 마을에서 베푼 친절에는 어떤 것들이 있나요?
2. 고양이 택시를 탈 수 있게 된다면 톰에게 어디로 가자고 할까요?
3. 내가 고양이 톰처럼 누군가를 돕게 된다면 누구를 돕고 싶나요?

함께 읽으면 좋은 책

콩 하나면 되겠니? 배유안 글 | 남주현 그림 | 창비 | 2010

할머니와 단둘이 사는 은이가 개미 두 마리를 따라 땅속으로 여행을 떠난다. 은이는 할머니가 개미들에게 콩을 나눈 것처럼 주변의 작은 존재들과 콩 한 쪽도 나눠 먹는다. 작고 어린 은이가 더 작은 개미들과 서로 도우며 지네를 물리치는 장면도 인상적이다. 어린이도 자신은 물론, 가족과 이웃을 도울 수 있는 존재라는 것을 보여준다.

고양이 해결사 깜냥 1 홍민정 글 | 김재희 그림 | 창비 | 2020

길고양이 깜냥은 비를 피하려고 아파트 경비실에 들어간다. 그곳에서 경비원의 조수, 베이비시터, 택배 기사 등 다양한 직업을 체험한다. 무슨 일이든 척척 해내는 우리의 깜냥은 결국 어엿한 경비원이 된다. 고양이 깜냥이 평범한 주변 이웃들을 만나고 작은 고양이 손으로 도움을 나누는 이야기다.

고양이 택시 아프리카에 가다
난부 가즈야 글 | 사토 아야 그림 | 김미영 옮김 | 시공주니어 | 2016

『고양이 택시』를 읽은 독자들의 성원으로 만들어진 속편. 마을의 고양이 택시 운전사 톰이 더 넓은 세상으로 용기 있게 모험을 향해 나아간다. 톰의 아버지 존 박사의 '인생은 모험을 빼놓고 이야기할 수 없으니 더 넓은 세계로 나아가라'라는 조언이 인상적이다.

저학년을 위한 동화 3

내 생각 키우기

아이의 첫 마음을 이해해보요

『꼬마 너구리 요요』
이반디 글 | 홍그림 그림
창비 | 2018

"그건 후우의 마음이니까."

아이들의 첫 아픔은 무엇일까요? 어린 시절, 처음 줄을 서서 무언가를 기다리는데 한 친구가 내 앞에 불쑥 끼어들 때의 당황스러움, 엄마가 새로 태어난 동생을 돌보느라 예전만큼 나를 바라봐주지 않을 때의 속상함, 친구가 갑자기 날카로운 말로 쏘아붙였을 때의 벙벙한 마음을 어떤 말로 표현할지 아직 찾지 못한 아이에게는 이 모든 것이 '아픔'으로 다가오죠. 동화는 이런 마음에 이름을 붙이고 함께 그 마음을 읽어줍니다.

작가는 '요요'를 통해 이 첫 아픔을 자세히 들여다보게 해요. 「내가 더 잘할게」에서 요요는 동생 '후우'가 자기보다 친구를 더 좋아해서 속상합니다. 질투라는 감정을 경험해본 아이들은 얼른 요요의 마음을 알아챌 거예요. 또 엄마가 후우에게 정어리를 준 요요를 나무라며 "아기한테 아무거나 먹이면 안 돼!"라고 할 때, '아무거나'처럼 마음이 쿡쿡 쑤시는 말을 들어 속상했던 경험을 떠올릴 겁니다. 요요가 꾹꾹 담아두었던 속상함이 갑자기 터져 나와 '왕' 하고 울어버리는 순간, 어린이들은 속이 후련해질지도 모르지요. 작가는 그 마음도 너의 것이라고 슬며시 용기를 북돋아줍니다. 나만 그런 게 아니었구나 하고요.

어린이의 첫 아픔을 그렸지만, 책의 분위기가 마냥 어둡고 무겁지 않습니다. 두 번째 이야기 「새해」는 요요가 새 단어를 알아가는 과정을 재미나게 그렸습니다. 요요는 겨울잠을 자느라 '새해'를 모릅니다. 갑자기 겨울잠에서 깨어난 요요는 '새해'라는 말을 처음 듣지요. 분주하게 다니며 새해의 뜻을 묻고 다니지만 '새해'에 대한 오해만 눈덩이처럼 커집니다. '새해'가 무엇인지 알고 있는 독자들은 애가 탑니다. 요요와 친구의 귀여운 대화를 따라가다 보면 금세 미소가 지어져요. 그 웃음은 비웃음이 아니에요. 우리가 새 단어를 배울 때의 과정을 닮았으니까요.

어리다고 뭐든 부족하고 서툰 요요가 아닙니다. 「정어리 아홉 마리」에는 친구가 어려움을 겪을 때 도와주는 다정하고 따뜻한 요요가 나옵니다. '산쥐 왕자'가 덜덜 떨며 손가락 여덟 개만으로 '넷 더하기 다섯' 문제를 풀 때, 요요는 슬그머니 손가락 하나를 더 보탭니다. 산쥐 왕자의 덧셈을 도와준 것이지요. 생일 파티에 다녀온 요요는 이제 더하기를 조금 더 잘하게 되었습니다. 친구의 어려움을 보면 달려가 온 힘을 다해 도와주는 저학년 아이들을 보는 것 같아요. 함께 끙끙거리며 서로 힘을 보태다가도 쉬는 시간이면 운동장에 달려 나가 신나게 노는 모습까지 똑 닮았습니다.

　이 책에서는 우리말의 아름다움을 잘 살린 빛나는 문장도 만날 수 있습니다. 물 흐르듯 자연스럽게 읽히는 문장을 보면 문득 우리는 참 아름다운 말을 가졌다고 느낍니다. 이반디 작가의 문장에는 소리가 나고 향기가 납니다. 마음을 빛깔로 표현합니다. 이런 다채로운 시와 같은 문장을 저학년부터 많이 접해보면 좋겠습니다. 우리가 자주 접한 언어를 일상에서 많이 쓰게 되는 만큼, 어린이는 언어가 주는 말맛을 동화를 통해 많이 만나야 합니다. 그래서 작가의 이런 문장이 반갑습니다.

　매력적인 주인공, 발랄하고 경쾌한 유머, 아름답지만 간결한 문장과 쉬운 문체 그리고 귀엽고 앙증맞은 삽화가 어우러진 멋진 저학년 동화입니다. 요요의 당당한 발걸음, 포근한 마음을 다정하게 이야기에 담아냈어요.

　아이의 첫 아픔을 잘 이해하고 있는 동화가 여기에 있습니다. 아이들이 소리 내 읽어보아도 좋은 책입니다. 어떤 날은 가만히 삽화만 바라봐도 괜찮습니다.

 이런 점이 좋아요!

- 동물이라는 친숙한 소재를 등장시켜 어린이의 다양한 감정을 표현했어요.
- 우리말의 아름다움을 잘 살린 빛나는 문장을 만날 수 있어요.
- 귀엽고 앙증맞은 요요의 삽화가 이야기를 잘 설명해줘요.

 더 이야기 나눠봐요!

1. 「내가 더 잘할게」 친구를 나보다 더 따르는 후우를 보고 요요는 어떤 마음이 들었을까요?

2. 「새해」 새해를 잘 모르는 요요에게 어떻게 새해를 쉽고 간단하게 설명해줄 수 있을까요?

3. 「정어리 아홉 마리」 요요는 산쥐 왕자에게 더하기를 가르쳐주다가 더하기를 더 잘하게 되었습니다. 친구들을 도와주다가 전보다 더 잘하게 된 경험이 있나요?

함께 읽으면 좋은 책

꼬마 너구리 요요 2 이반디 글 | 홍그림 그림 | 창비 | 2021

꼬마 너구리 요요는 이제 친구에게로 눈을 돌린다. 장식품 가게에서 기다리는 포실이를 생각하는 마음, 엄마를 잃은 파란 너구리 보보를 이해하는 과정, 내 마음을 솔직히 말하는 용기를 갖는 과정이 잘 드러나 있다.

나, 이사 갈 거야

아스트리드 린드그렌 글 | 일론 비클란드 그림 | 햇살과나무꾼 옮김 | 논장 | 2019

다섯 살 로타는 자주 짜증을 내고 억지를 부린다. 하루는 '나, 이사 가요. 쓰레기통을 봐요'라는 쪽지를 남기고 옆집 다락으로 가출하기도 한다. 내 힘으로 무엇이든 해보겠다는 당당한 로타! 어른이 보기에 말도 안 되는 일로 심통 내는 어린이와 이를 너그럽고 따뜻하게 기다리는 어른의 태도를 살필 수 있는 동화다.

반쪽짜리 초대장 이소풍 글 | 천은실 그림 | 바람의아이들 | 2021

꼬마 멧돼지 둥이, 토끼 토루, 들쥐 샤로는 좋아하는 것에 마음을 흠뻑 쏟는 어린이를 닮았다. 반쪽짜리 초대장이 자기 것이라 믿고 무작정 길을 나서고, 잃어버린 여름 조각을 찾겠다고 숲을 뒤진다. 세 친구가 만나 '한 걸음씩 아껴 걷는' 걸음과 서로 나누는 대화 속에 울림 있는 질문과 통찰이 숨겨져 있다.

꼭 내 것이 아니어도 괜찮아!

『노란 양동이』

모리야마 미야코 글
쓰치다 요시하루 그림
양선하 옮김 | 현암사 | 2000

"겨우 일주일이었는데
아주 오랫동안 노란 양동이와
함께 있었던 것 같은 느낌이
들었어요."

    어둠이 막 내려앉기 시작한 놀이터에 한 아이가 혼자 남아 있습니다. 아이는 주인 없는 소꿉놀이 장난감을 만지작거리고 있어요. 놀이터가 아이들로 북적일 때는 만질 수 없었던 장난감이에요. 내 것이 아니니까요. 모두 떠난 놀이터에서 아이는 장난감으로 마음껏 놉니다. 내일이 되고 언니 오빠 들이 다시 몰려오면 더는 그 장난감을 가지고 놀지 못할지도 몰라요.

놀이터의 아이처럼 아기 여우도 외나무다리 근처에 남겨진 노란 양동이를 발견합니다. 양동이가 없는 여우는 갖고 싶은 마음에 갈등하지요. "어떻게 할까?" 친구에게 물어봐요. 여우는 어쩌면 "너에게 꼭 어울리는 노란 양동이니까 그냥 가져"라는 친구의 말을 듣고 싶었을지도 모르겠어요. 하지만 친구들은 양동이의 주인을 기다려야 한다고 이야기합니다.

아기 여우는 양동이를 발견한 월요일부터 다음 월요일까지 기다리기로 해요. 다음 월요일에도 주인이 나타나지 않으면 양동이를 가지기로 정하지요. 그날부터 아기 여우는 양동이 곁을 떠나지 않습니다. 양동이를 가만 바라보기도 하고, 양동이에 물을 담아 나무에 물을 주기도 해요. 양동이 바닥에 손가락으로 자기 이름 쓰는 시늉도 해봅니다.

1학년 아이들과 이 책을 함께 읽은 적이 있어요. 아이들은 매일 아침 칠판에 붙어 있는 '요일 자석'을 바꿔가면서 여우처럼 일주일을 보냈습니다. 시윤이는 교실 뒤에 굴러다니던 파란 양동이를 깨끗이 닦고, 아기 여우처럼 양동이 곁에 누웠어요.

"선생님, 나도 노란 양동이 있으면 좋겠어요."

"시윤이는 노란 양동이가 생기면 뭘 하고 싶은데?"

"놀이터에서 모래놀이 할 때 있으면 좋겠어요. 큰 양동이로 물을 나르면 모래집을 크게 만들 수 있을 것 같아요."

"난 양동이에 블록을 가득 담을 거야. 한 번에 많이 옮길 거야."

아이들은 양동이로 하고 싶은 나만의 놀이를 말하며 설레했습니다.

마침내 일주일이 지나 월요일이 되었고, 양동이는 사라집니다. 축 처진 아기 여우의 어깨가 눈에 띄게 그려진 삽화에 아이들의 눈길이 오래 머뭅니다. 아이들은 "아, 어떡해" 하며 안타까워 어쩔 줄 모르지요. 아기 여우가 울음을 터트릴 거라 생각하며 책장을 넘깁니다. 하지만 아기 여우는 가만히 앉아 생각해요. 독자의 예상을 살짝 무너트리는 장면이지요.

아기 여우는 물 위에 비친 자신을 바라보며 찬찬히 생각을 정리합니다. 그러고는 화내거나 우는 대신, 일주일 동안 양동이는 '자기만의 양동이'였다며 "괜찮아! 정말"이라고 말해요. 내 것이 되길 간절히 바랐는데 양동이가 사라져버리다니, 어찌 속이 상하지 않겠어요. 여우가 괜찮아, 괜찮아, 말해보는 건 자기 마음을 잘 달래려 노력하는 모습이겠지요? 어떤 일이 내 뜻대로 이뤄지지 않았을 때, 그런 상황을 받아들이기 어려워하는 어린이를 종종 만납니다. 이런 어린이에게 아기 여우는 자신을 편안하게 다독이는 방법을 알려줍니다.

아기 여우는 양동이를 잃어버린 것에 매몰되기보다 양동이와 보낸 일주일에 의미를 부여해요. 그동안 양동이를 충분히 좋아했고,

그 순간만큼은 자기 것이었기에 후회가 없습니다. 양동이 대신 내가 아끼는 물건, 내가 좋아하는 사람이나 반려동물을 떠올려보면 이 짧은 동화가 큰 이야기로 와닿습니다. 어린이가 갑자기 '상실'을 경험할 때, 그것을 어떻게 잘 받아들일 수 있을까를 보여주는 이야기로요.

양동이는 결국 갖지 못했지만, 아기 여우도 우리 아이들도 실망하지 않았어요. 아이들도 원래 내 것이 아니라는 점을 잘 알고 있습니다. 기다리는 동안 신나고 즐겁게 양동이를 가지고 놀았기에 아쉬움이 없어요. 살아가며 감당하기 힘든 상실의 순간을 맞이할 때 아이가 아기 여우를 떠올렸으면 좋겠습니다. 잠깐 슬퍼하다가 함께 지낸 추억을 떠올리고는 "괜찮아! 정말"이라며 자신을 토닥여줄 수 있다면 참 다행일 것 같아요.

 이런 점이 좋아요!

- 노란 양동이에 대한 간절한 마음을 여우의 말과 행동에 잘 담아냈어요.
- 내게 소중한 것을 상실했을 때 차분하게 자신을 다독이는 방법을 알려줘요.
- 시간의 흐름에 따른 아기 여우의 마음 변화가 문장에 잘 담겨 있어요.

 더 이야기 나눠봐요!

1. 아기 여우의 노란 양동이처럼 내게 소중한 물건이 있다면 자세히 소개해보아요.
2. 노란 양동이의 주인이 나타나길 기다리는 동안 아기 여우의 마음은 어땠을까요?
3. 노란 양동이는 어디로 가버린 걸까요? 아기 여우와 노란 양동이의 뒷이야기를 생각해볼까요?

 함께 읽으면 좋은 책

보물이 날아갔어 모리야마 미야코 글 | 쓰치다 요시하루 그림 | 양선하 옮김 | 현암사 | 2001

아기 여우에게 보물이 생겼다. 친구인 아기곰과 아기 토끼에게도 보여주고 싶지 않은 나만의 보물에 대한 이야기이다. 보물로 인해 아기 여우가 친구들과 함께 또 한 뼘 성장한다.

흔들다리 흔들흔들

모리야마 미야코 글 | 쓰치다 요시하루 그림 | 양선하 옮김 | 현암사 | 2001

아기 여우는 흔들다리가 무섭다. 그 흔들다리 건너편에 다른 아기 여우가 산다. 새 친구를 만나고 싶은 아기 여우는 무서운 흔들다리를 매일 열심히 건너는 연습을 한다. 아기 여우는 흔들다리를 건너가 친구를 만날 수 있을까?

그 아이를 만났어

모리야마 미야코 글 | 쓰치다 요시하루 그림 | 양선하 옮김 | 현암사 | 2001

흔들다리 중간까지 갔던 아기 여우는 그 뒤에 어떻게 됐을까? 아기 여우가 빨리 흔들다리를 건너가 새 친구를 만났으면 하는 어린 독자들의 강렬한 응원으로 쓰인 이야기이다. 아기 여우 시리즈의 마지막 편이다.

몰입과 상상으로 빚어낸 아름다운 비행

『할머니의 비행기』

사토 사토루 글
무라카미 쓰토무 그림
햇살과나무꾼 옮김 | 논장 | 2019

"후유, 아무튼 대단한 비행기였어."

여기 한 할머니가 있습니다. 동글동글한 얼굴에 온화한 미소를 머금고, 부지런히 손을 움직여 뜨개질을 하고 있어요. 어떤 무늬를 떠 볼까 고민하고, 털실을 떴다 풀었다 하느라 바쁩니다. 이런 할머니에게 어느 날 신기한 일이 일어나지요. 나비 무늬를 뜨는데 뜨개질 천이 꿈틀하더니 공중에 떠오르기 시작한 겁니다. 자, 이제 할머니는 이 천으로 무엇을 할까요?

『할머니의 비행기』라는 제목에서 알 수 있듯 할머니는 비행기를 만듭니다. 할머니 무릎에 앉았다 간 나비 한 마리가 보름날 밤하늘을 날아오르는 비행기로 연결되어요. 할머니는 빨랫줄을 받치던 대나무 장대, 나무 의자와 가죽 허리띠, 둥둥 떠오르는 뜨개질 천으로 멋진 비행기를 만들지요. 익숙한 사물을 새로이 보게 해주는 작가의 상상력에 감탄이 나옵니다.

이야기에 등장하는 인물은 할머니가 유일합니다. 작가는 할머니가 겪는 일을 눈에 보이게 그려내고, 장면의 분위기를 실감 나게 묘사해요. 군더더기 설명이나 억지스러운 해석 대신 마음을 툭 하고 건드는 문장이 가득하지요. 할머니가 공중에 떠오르는 천과 실랑이를 벌이다 뒤로 벌렁 넘어질 때, 천을 날개 삼아 만든 비행기를 타고 하늘 높이 날아오를 때. 마치 내가 그 일을 겪는 것처럼 웃음이 나고 가슴이 뜁니다.

할머니는 비행기를 타고 딸과 손자가 사는 곳을 둘러봐요. 그리곤 다시 집으로 돌아와 비행기를 땅으로 내리지요. 과연 할머니는 어떻게 비행기를 착륙시킬까요? 한참 궁리하던 할머니는 웃음을 터트리며 말합니다. "털실로 뜬 비행기니까 털실을 풀면 될 것을" 하고요. 여러 날 공들여 뜬 비행기는 다시 하나의 털실 뭉치로 돌아갑니다. 너무나 가뿐하고 유쾌한 마무리에 저절로 웃음이 나지요.

할머니는 자신이 좋아하는 일에 최선을 다했고, 과정을 충분히 즐겼기에 미련도 없습니다. 그래서 여러 날 애써 만든 비행기를 술술 풀어버릴 수 있었어요. 운동도, 악기 연주도, 글쓰기도 하루아침에 뚝딱 잘하게 되지 않아요. 꾸준히 여러 날 정성 들여 그 일을 해야 합니다. 훌륭한 결과를 얻는 데 집중하면 금세 지치고 포기하게 되어요. 오늘의 할 일을 해내는 자신을 자랑스럽게 여기며, 그 일에 온 마음을 쏟아야 합니다.

『할머니의 비행기』는 좋아하는 일에 잔뜩 몰입하는 사람이 얼마나 멋진가를 보여줍니다. 결과보다 과정을, 그 순간을 마음껏 즐기는 사람이 어떤 모습인지 알려줘요. 한 코, 두 코 떠나간 천이 비행기가 되는 과정에서 할머니는 매 순간 행복합니다. 자기는 어차피 못할 거라서 시작도 안 하겠다는 우리 반 형진이에게, 열심히 했는데 결과가 좋지 않다며 화내는 지수에게 할머니를 소개해주고 싶습니다.

책에는 시처럼 아름답고 울림 있는 문장이 가득합니다. 아이들과 '내 마음을 흔든 한 문장'을 찾아 나누기 좋아요. 아이의 마음 상태나 아이가 요즘 주로 하는 고민에 따라 머무는 문장이 다르겠지요. 이에 더해 장면의 느낌에 따라 크기와 색을 바꿔 등장하는 삽화는 이야기를 더욱 신비롭게 해줍니다. 흑백 그림이 이어지다 꼭 필요한 장면만 화사하게 채색되어 있거든요. 할머니에게 날아든 나비의 오묘한 날개 무늬, 할머니의 비행을 빛내주는 밤하늘의 푸른 빛은 책을 다 읽고 나서도 한동안 자꾸 떠오른답니다.

할머니의 비행 이야기는 어린이에게 '나는 무엇을 할 때 가장 행복한가?' '나는 무엇을 오래 해보고 싶은가?'라는 질문을 던지도록 합니다. 어린이는 아름다운 문장과 그림에 머물며 자기만의 비행을 꿈꾸게 되지요. 작가는 이야기에 꼭 필요한 것만 담고, 여백을 많이 두었어요. 그 여백이 어린이에게 마음껏 상상할 수 있는 여유와 자유를 건넵니다. 그 속에서 아이는 '오늘'을 '~해야 한다'는 의무감 대신 '~하고 싶다'는 소망으로 채워갈 거예요.

이런 점이 좋아요!

- 작가의 뛰어난 상상력으로 익숙한 사물을 새롭게 보게 해줘요.
- 좋아하는 일에 몰입할 때의 생각과 감정을 잘 드러냈어요.
- 아름다운 문장과 삽화가 인물과 장면을 생생하게 떠올리게 해요.

더 이야기 나눠봐요!

1. 할머니는 나비 무늬를 뜨면서 실패할 때마다 실을 죄다 풀어버리고 처음부터 다시 떠요. 이런 할머니의 모습이 어때 보이나요?
2. 할머니의 뜨개질처럼 내가 좋아하거나 잘하고 싶어서 꾸준히 하는 일이 있다면 소개해주세요.
3. 내가 둥둥 떠오르는 천을 갖고 있다면 무엇을 만들어서 어떤 일을 해보고 싶은가요?

함께 읽으면 좋은 책

커다란 나무가 갖고 싶어
사토 사토루 글 | 무라카미 쓰토무 그림 | 이선아 옮김 | 논장 | 2020

가오루는 엄마에게 "아주아주 커다란 나무가 있으면 참 좋겠다"고 말한다. 그러고는 자기가 원하는 아주아주 커다란 나무가 어떤 나무인지 설명한다. 가오루의 이야기를 들으며 독자는 아주아주 커다란 나무의 밑동부터 꼭대기까지 올라가보게 된다. 그림책 속의 커다란 나무 그림 또한 아이들의 흥미를 자극한다.

내 모자야 임선영 글 | 김효은 그림 | 창비 | 2014

책에 실린 네 편의 동화 중 「내 모자야」는 토끼가 길에서 주운 바지를 모자로 착각해서 일어나는 일이다. 토끼가 만나는 동물이 보이는 반응을 보며 타인을 대하는 태도를 생각해본다. 나머지 세 편도 어린이를 닮은 동물들이 등장해서, 엉뚱하고 따뜻한 이야기를 들려준다.

생쥐처럼 정이립 글 | 신지영 그림 | 바람의아이들 | 2018

다윤이네 반은 월요일 아침마다 주말에 무슨 일이 있었는지 이야기한다. 친구들은 모두 특별한 일을 이야기하는데 그러지 못해 속상한 다윤. 그러던 어느 날, 다윤이는 자신이 생쥐가 되는 상상을 하며 일상을 새롭게 만들어주는 상상의 힘을 발견한다.

제3부

중학년을 위한
동화

중학년의 책 읽기
분량, 주제를 확장하며 책 읽는 힘 키우기

　　3~4학년은 '징검다리 책' 읽기 시기입니다. 그림이 많고 글이 적은 저학년 책에서 글이 많고 서사가 복잡한 고학년 책으로 넘어가는 중간 시기니까요. 이 시기를 어떻게 보내느냐에 따라 아이가 높은 학년이 되었을 때 보이는 책 읽기 태도나 독해 능력이 달라집니다. 따라서 책에 대한 흥미를 높이면서 책 읽는 힘을 키우기 위해 애써야 하지요.

　　중학년 아이들은 혼자 힘으로 책을 읽어보고, 조금씩 자기 생각을 만들어갑니다. 아이마다 차이는 있지만 대부분 어른이 권하는 책을 긍정적으로 받아들이는 편이에요. 고학년에 비해 디지털 매체에 덜 노출된 편이니 화려한 삽화나 감정을 자극하는 사건이 없는, 다소 잔잔하지만 울림이 있는 책을 권하고 싶습니다.

　　또한 고학년으로 넘어가는 중간 학년이니 점차 책 읽기 수준을 높여가야 합니다. 읽는 도중에 머물러 생각해야 하는 문장이나 주제를 담은 책도 슬쩍 건네보아요. 필요하다면 어른이 아이의 책벗이 되어 함께 읽어줍니다. 작가가 숨겨놓은 메시지를 찾아내는 경험을 선사하면 아이의 생각주머니가 훌쩍 커져요.

'혼자서도 거뜬히 읽기'에는 자극적이지 않은 건강한 이야기면서 중학년 아이들이 술술 읽어낼 수 있는 책을 담았습니다. 이해하기 쉬운 말로 쓰여 글 읽기가 서툰 아이도 부담 없이 즐길 수 있지요. 순수하고 유쾌한 아이들의 특징을 드러내는, 매력적인 인물은 이야기 읽는 맛을 느끼게 해줍니다.

'머물고 생각하며 읽기'는 자신과 가족에 머물던 아이들의 시각을 타인과 세상으로 넓혀줍니다. 내 옆에 누가 있는지, 그들과 나는 어떤 관계를 맺어야 하는지 보여줘요. 아이들은 이야기를 통해 다른 사람의 입장과 마음을 헤아리는 경험을 해봅니다. 책은 저학년의 자기중심적 사고에 머물던 아이들에게 경청, 배려, 우정, 모험을 건넵니다.

'한 걸음 더 나아가기'에는 여러 번 읽고, '이게 무슨 의미일까?' 곰곰이 생각해보면 좋은 책을 소개해요. 아이가 읽는 책의 분량도 조금 늘려보고, 함축적 의미가 있는 문장이나 인물과 사건의 관계를 꼼꼼하게 살펴야 하는 이야기도 건네봅니다. 모든 걸 다 이해하지 못해도 괜찮아요. 책을 다 읽고, 여러 날 지난 후에 문득, '아, 그거구나' 하고 자기만의 해석을 완성한다면 참 좋은 책 읽기 경험이 될 겁니다.

교실에서 만나는 3~4학년 아이들은 명랑하고 유쾌합니다. 언제든 이야기를 한껏 즐길 준비가 되어 있어요. 책 읽으며 장면을 적극적으로 상상하고, 금세 인물에게 감정을 이입합니다. 아이들은 책을 좋아해요. 재미있는 책, 좋은 책을 알지 못해 읽지 않았을 뿐이지요. 꽤 괜찮은 징검다리 책을 놓아주면 아이들은 즐겁게, 폴짝거리며 그 다리를 넘어갑니다.

아직은 혼자 읽기보다 어른이 책을 읽어주는 걸 좋아해요. 분량이 많은 책을 만나면 겁부터 내고요. 다정한 어른이나, 친구들과 함께 분량 많은 책을 끝까지 읽는 경험을 하면 도움이 됩니다. 이야기를 이해하는 힘도 길러지고, 고학년 책도 읽어보겠다는 도전 의식도 생겨요.

중학년을 위한 동화 1

혼자서도 거뜬히 읽기

작은 목소리에도 귀를 기울여요

『소곤소곤 회장』
강인송 글 | 윤태규 그림
비룡소 | 2021

"작은 소리에도 귀 기울일 줄 아는 회장이 되겠습니다."

최근 작고 연약하거나 주목받지 못하는 존재가 등장하는 동화가 많아졌습니다. 이런 이야기는 대부분 인물이 자기 목소리를 내지 못하고, 소심한 성격 때문에 어려움을 겪지요. 그러다가 특별한 계기로 변하면서 갈등이 해소되곤 합니다. 『소곤소곤 회장』도 목소리 작은 아이가 주인공이라 뻔한 내용이 아닌가 싶었지만 이야기 전개가 좀 달랐어요.

수줍고 여려도 그 자체로 빛나는 주인공 '조영이' 때문이지요.

조영이는 태어날 때부터 작은 목소리를 가졌습니다. 그래서인지 특별히 작은 새들을 돌보는, 마음이 따뜻한 아이예요. 아빠는 소심한 딸을 몹시 걱정하지요. 조영이와 새소리가 작은 글씨로, 아빠 목소리는 큰 글씨로 표현되어 인물들이 특성이 아주 잘 대비됩니다. 인물들의 목소리가 입체적으로 읽혀요.

그러던 어느 날, 선거에서 조영이가 얼떨결에 학급 회장으로 뽑히게 되었어요. 시작은 화장실에 가고 싶어 손을 든 것이지만 "작은 소리에도 귀 기울일 줄 아는 회장이 되겠다"는 공약으로 당선되지요. 그런데 회장이 되었어도 조영이는 여전히 목소리가 작아요. 아이들은 계속 더 크게 말해달라고 했지만 좀처럼 잘되지 않아요. 결국 소곤소곤 회장인 조영이는 떠들기 좋아하는 학급 아이들을 잘 통솔하지 못합니다.

이런 조영이에게도 특별한 능력이 있어요. 바로 아주 작은 소리에도 귀 기울일 줄 안다는 것이지요. 그러던 어느 날 조영이의 능력이 드러나는 일이 생깁니다. 교실 어딘가에서 들리는 새소리를 알아듣고 상처 입은 박새를 찾아낸 조영이에게 친구들은 관심을 보이기 시작해요. 새에 대해 잘 아는 조영이의 마음을 알아보기 시작하고 친밀해져요. 반 친구들은 그동안 귀 기울이지 않았던 조영이의 목소리를 잘 듣기 위해 점점 가까이 다가옵니다. 조영이가 목소리는 작아도 생각이나 능력은 작지 않다는 것을 친구들도 깨닫게 되죠.

조영이는 그 이후 달라졌을까요? 박새 사건 후에도 조영이에게 극적인 변화가 생기지는 않아요. 조영이 목소리가 커졌다거나 학급이 조용해지지도 않았지요. 그저 조영이가 "얘들아" 하고 아주 작은 소리로 말해도 아이들이 "어, 왜?" 하고 귀 기울여 듣기 시작했다는 정도의 변화지요. 잘 듣는 법을 터득한 친구들이 이전보다 조금 더 예민하고 큰 귀를 가지게 되었다고 할까요? 중요한 점은 친구들이 조영이의 모습 그대로를 인정해준다는 것입니다.

교실에서도 이와 비슷한 경험을 할 때가 있습니다. 모두가 둘러앉아 주말을 보낸 이야기를 나눌 때예요. 자신을 잘 드러내지 않고, 조용히 지내던 아이가 말을 하면 반 아이들이 깜짝 놀랍니다. '와, 이 친구가 이런 생각을 갖고 있구나' 하고 귀를 기울여요. 친구의 목소리와 생각을 듣고 나면 그 친구가 달리 보이지요. 이런 경험을 하고 나면 아이들은 그 아이가 말할 때 더욱 집중해서 듣고, 아이의 의견을 존중해줍니다.

작가는 나다움을 지키는 것이 중요하다는 이야기를 교훈적으로 전하지 않습니다. 노력해서 남들이 원하는 대로 바꾸라고, 달라지라고 강요하지 않아요. 그저 여리고 조용한 주인공을 내세워 그 아이가 가진 장점을 친구들이 자연스럽게 발견하게 하지요. 작가의 그런 시선이 따뜻하고 고맙습니다.

이 책은 우리 주변에서 만나는 존재감 없고 조용한 아이들을 떠올리게 해요. 그리고 그 아이가 바뀌길 바라는 것이 아니라 내가 먼저 좀 더 가까이 다가가야겠다는 마음이 들게 도와주지요. 그 친구도 할 얘기가 있을 거라고 헤아려주는 마음, 언제든 들어주려고 귀 기울이는 태도를 기를 수 있는 귀한 이야기입니다.

 이런 점이 좋아요!

- 글씨 크기를 다르게 편집해서 목소리의 크고 작음을 직관적으로 나타낸 점이 재미있어요.
- 목소리가 작다고 해도 그 사람이 가진 생각과 능력까지 작은 것은 아님을 알려줘요.
- 주인공과 아이들의 모습이 변하기를 강요하지 않고 그대로의 모습에서 장점을 발견해요.

 더 이야기 나눠봐요!

1. 다른 사람들은 잘 모르는 나의 특별한 점을 알려주세요.
2. 용기를 내는 데 도움이 되었던 방법이 있다면 소개해주세요.
3. 평소 잘 알지 못했던 친구의 장점을 발견했을 때 어떤 생각이 들었나요?

함께 읽으면 좋은 책

조금 부족해도 괜찮아
베아트리체 알레마냐 글·그림 | 길미향 옮김 | 현북스 | 2014

조금 부족한 부분을 가지고 있는 다섯 친구가 나오는 그림책. 어느 날 완벽함을 갖춘 누군가가 찾아와서는 이들을 한심하게 여긴다. 다섯 친구는 그동안 의식하지 못했던 자기들의 부족함에 대해 고민한다. 그러나 곧 자신들의 모습을 억지로 바꾸지 않고 오히려 있는 그대로의 자기를 인정하면서 사는 행복을 깨닫게 된다.

나는 마음대로 나지 강인송 글 | 모예진 그림 | 주니어김영사 | 2022

취나지는 바르지 않은 것이나 배려가 없는 것, 도덕적이지 못한 것을 보면 그냥 넘어가지 못하고 한마디 해야만 직성이 풀리는 아이다. 그러던 어느 날, 교장 선생님이 만든 토끼장이 못마땅한 나지는 토끼들이 진짜 행복하게 지낼 수 있는 토끼장을 만들기로 한다. 나지의 행동에서 동물을 사랑하는 진심을 느끼고 동참하는 아이들이 하나둘씩 늘어난다.

슈퍼 깜장봉지 최영희 글 | 김유대 그림 | 푸른숲주니어 | 2014

과다호흡증후군에 걸린 아로는 검정 봉지를 가지고 다녀서 '깜장봉지'라는 별명이 있다. 어느 날 아로는 영웅이 되는 착각에 빠진다. 연극 연습을 하던 친구 때문에 생긴 일로 슈퍼 깜장봉지는 자신이 영웅일 거라고 생각한다. 하지만 그것은 환상일 뿐이었다. 거창하고 특별한 능력이 없어도, 있는 그대로의 모습이어도 괜찮다는 위로를 건네주는 이야기다.

두꺼비와 올빼미가 알려주는
'친구가 되는 비결'

『화요일의 두꺼비』
러셀 에릭슨 글 | 김종도 그림
햇살과나무꾼 옮김 | 사계절 | 2014

"하지만 만약 친구를 사귄다면…… 바로 너…….
너 같은 친구였으면 좋겠어."

'학교에 오면 즐거운 이유가 뭘까요?' 하고 아이들에게 물으면 대부분 '친구랑 놀 수 있기 때문에'라고 대답합니다. 친구와 노는 것이 즐거우니 친구를 많이 사귀고 싶고, 우정을 잘 이어가길 바라지요. 아이들은 마음을 표현하는 데 서툴러 다투기도 하고 괜한 오해로 상처 입기도 하지만 친구와 재미있게 놀고 싶은 마음이 더 큽니다. 이런 어린이에게 건네고픈 '친구' 이야기가 있어요. 바로 『화요일의 두꺼비』예요.

추운 겨울 숲에서 두꺼비 '워턴'은 올빼미 '조지'에게 잡히고 맙니다. 천적 관계인 두꺼비와 올빼미라는 것 말고도 둘은 달라도 너무 다릅니다. 조지는 무뚝뚝하고 자존심이 셉니다. 이런 성격 때문에 친구가 없어 혼자 지내지요. 반면 두꺼비 워턴은 명랑하고 다정합니다. '툴리아 고모'에게 쿠키를 주기 위해 기꺼이 여행을 떠나고, 조지의 지저분한 집을 청소해주고 함께 마실 차를 끓여요.

조지는 워턴에게 '돌아오는 화요일'이 되면 잡아먹겠다고 말합니다. 조지에게 워턴은 맛있는 먹이에 지나지 않았지만, 시간이 갈수록 둘의 관계가 서서히 변해갑니다. 천적과 먹이가 아니라 더없이 소중한 친구로 발전하지요. 서로 다른 두꺼비와 올빼미가 어떻게 친구가 될 수 있었을까요? 작가는 조지와 워턴을 통해 좋은 친구가 되는 방법을 슬며시 보여줍니다.

매일 밤, 워턴은 초를 밝히고 차를 마시며 조지에게 다정한 말을 건넵니다. 둘은 서로에 대해 점점 알아갑니다. 조지는 친구와 함께 시간을 보내는 기쁨을 맛보아요. 자기 이야기에 진심으로 맞장구치며 들어주는 워턴에게 조금씩 마음을 열어가지요. 혼자라 속상했던 마음도 진솔하게 털어놔요. 우리 아이들도 등하굣길을 오가며, 쉬는 시간에 친구와 같이 그림을 그리면서 도란도란 자기 이야기를 꺼냅니다. 그러면서 친구에게 나를 보여주고, 친구에 대해서도 조금씩 알아가요.

조지는 이야기를 나누다가 워턴이 노간주나무 열매 차를 좋아한다는 것을 알게 됩니다. 조지는 친구가 좋아하는 열매를 구하기 위해 여우에게 잡아먹힐 뻔한 위험도 무릅쓰지요. 처음엔 워턴이 먼저 차를 끓여주고 말을 걸어주었지만, 조지도 워턴을 위해 무엇을 할 수 있을지 고민하게 된 겁니다. 조지는 워턴에게 마음을 담아 쪽지를 써요. 용기 내어 마음을 전하는 모습이 뭉클한 감동을 주지요. 이제 조지와 워턴은 우정을 나누는 사이가 되었습니다.

우리 반 아이들은 하나같이 워턴과 조지를 무척 좋아했어요. 두 인물에게서 나와 내 친구의 모습을 발견할 수 있기 때문이죠. 아이들은 책을 읽으며 워턴과 조지가 친구가 되어가는 과정을 흐뭇하게 즐깁니다. 마지막 장면에서 조지가 워턴을 등에 태우고 툴리아 고모 집으로 날아갈 때, 박수를 치며 기뻐해요. 진심으로 마음을 나눌 수 있는 친구의 탄생을 내 일처럼 축하해줍니다.

『화요일의 두꺼비』를 읽은 아이들은 워턴과 조지가 보여주는 '친구 되는 비결'에 큰 관심을 보였어요. 친구가 되는 방법은 어찌 보면 간단해요. 친구에게 먼저 다가가고, 친구 이야기를 진심으로 들어주는 것이에요. 마음을 여는 것은 친구의 몫입니다. 어렵고 지루한 말로 설명하지 않아도 아이들은 이 책을 읽으며 배워요. 좋은 친구 관계는 거저 주어지는 게 아니니 나부터 노력해야 한다는 것을요.

책을 다 읽고 나면 아이들과 꼭 하는 일이 있습니다. 둘러앉아 따뜻한 차 한잔 나누는 일이에요. 워턴과 조지처럼 정답게 사는 이야기를 나누지요. 친구의 말을 귀담아듣고 내 이야기를 들려주다 보면 우리는 매일 조금씩 가까워질 거예요. 그렇게 우리는 새로운 친구의 탄생을 기다립니다.

 이런 점이 좋아요!

- 다양한 인물들의 매력이 글 속에 잘 드러나 있어요.
- 친구들과 만들어가는 우정의 여러 결을 보여줘요.
- 등장하는 동물들의 모습을 따뜻한 색감으로 삽화에 담아내고 있어요.

 더 이야기 나눠봐요!

1. 내가 화요일을 기다리는 워턴이라면 어떻게 했을까요?
2. 두꺼비 워턴과 올빼미 조지처럼 친구와 함께 나누고 싶은 것을 생각해보아요.
3. 내가 조지라면 친구 워턴에게 어떤 내용의 편지를 써놓았을까요?

함께 읽으면 좋은 책

좀 웃기는 친구 두두 장주식 글 | 허지영 그림 | 문학동네 | 2021

마을에 하나뿐인 어린아이 루아는 집 뒤뜰에서 길고양이 두두를 만난다. 당당하다 못해 뻔뻔하고 유쾌한 두두는 루아를 웃게 만든다. 그렇게 친구가 된 둘의 이야기는 어떤 모습일까?

초원의 탐정 몽구리 양자현 글 | 손지희 그림 | 천개의바람 | 2020

마을의 명탐정, 몽구리가 사건 해결을 위해 나선다. 몽구리는 빈틈없는 관찰과 논리적인 추리로 열매 도난 사건의 범인을 찾아 나선 탐정 몽구스, 몽구리의 이야기를 담은 동화이다. 사건 해결 과정을 따라갈수록 이야기에 빠져드는 매력이 있다.

오늘부터 배프! 베프! 지안 글 | 김성라 그림 | 문학동네 | 2021

서진이는 급식카드로 떡볶이를 사주고 싶었지만 사줄 수 없게 되어 속상하다. 베스트 프렌드 '베프'와 배고플 때 함께 밥 먹는 프렌드 '배프'가 되어가는 아이들의 우정을 따뜻한 시선으로 그려냈다.

함께하면
더 멋진 하루가 된다

『아빠랑 안 맞아!』

전수경 글 | 윤봉선 그림
창비 | 2022

"우리는 조금씩 서로를
알아가고 있어."

    이야기의 주인공 '하루'는 3학년 여자 어린이입니다. 하루는 엄마의 지방 근무로 아빠랑만 지내게 되지요. 평소 아빠와 하루는 같이 보낸 시간이 많지 않아서 별로 친하지 않습니다. 당연히 아빠는 하루에 대해 아는 것이 없어요. 하루가 '국에 만 밥'과 '손바닥 간지럼 태우기'를 싫어한다는 것, 매일 아침 등굣길에 아빠가 깔끔하게 모자를 썼으면 한다는 것도 모릅니다.

 하루는 아빠랑 지내는 게 불편해서 "아빠는 나랑 안 맞아"라고 말하지요. 하지만 이야기의 결말에 이르면 하루는 아빠와 손잡고 걷습니다. 여름을 맞아 나날이 짙어지는 나무를 살피며 도란도란 이야기 나눠요. 하루는 '아빠도 점점 좋아져'라고 생각해요. 아빠랑 있으면 멋진 하루가 되는 것 같다고 여겨요. 도저히 친해질 수 없을 것 같던 둘 사이가 어떻게 가까워진 걸까요?

 그 시작은 자기소개서였어요. 어느 날, 하루가 학교에서 자기소개서를 써오라는 숙제를 가져옵니다. 엉뚱하게도 아빠는 하루에게 각자 자기소개서를 써서 서로 소개하자고 해요. 가족이지만 서로 잘 모른다면서요. 성격, 취미, 특기, 좋아하는 것과 싫어하는 것을 적어 나눕니다. 가족끼리 소개라니 낯설게 느껴져요. 가족은 늘 같이 지내니까 닮은 것도 많고, 서로 잘 알 거라고, 당연히 그래야 한다고 생각하니까요.

 뜻밖에도 자기소개서를 보면 하루와 아빠가 얼마나 다른지 드러납니다. 하루는 좋아하는 것과 싫어하는 것이 분명하고, 자기주장이 확실해요. 회장도 되고 싶고, 공부도 잘하고 싶은 아이지요. 반면 아빠는 싫어하는 사람도 없고, 가리는 음식도 없습니다. 긍정적이고 느긋한 성격이지요. 하루에게 회장을 꼭 해야 하냐고 묻고, 점수가 낮다고 큰일 나는 것도 아니니 시험을 못 봐도 된다고 말합니다.

이렇게 달라도 너무 다른 부녀가 어쩔 수 없이 '함께' 지내야 하니 얼마나 불편하겠어요. 하지만 시간의 힘은 생각보다 셉니다. 하루의 곁에 아빠가 있어준다는 것만으로 많은 것이 변하지요. 하루가 열심히 준비한 회장 선거에서 떨어져 울 때, 친구의 휴대폰을 찾아주려 애쓸 때, 하루 곁에는 늘 아빠가 있어요. 하루 이야기를 잘 들어주고, 넌지시 자신의 경험을 들려주지요. 때로는 무작정 하루 편을 들어주기도 하고요.

이제 하루는 아빠랑 안 맞지만 함께 있는 건 즐겁다고 생각합니다. 뭐든 계획을 세우고, 열심히 해내려 하는 하루지만 엉뚱하고 예측 가능하지 않은 날을 보내는 것도 재미있다고 여겨요. 이 책을 읽는 어린이도 하루처럼 느끼고 생각할 겁니다. "꼭 잘해야 하는 건 아니야" "너는 지금도 충분히 잘하고 있어"라는 응원을 자신에게 해주고 싶어질 거예요. 때로는 정해지지 않은 길로, 조금 더디게 걸어볼지도 몰라요.

한 사람, 한 사람은 고유한 우주입니다. 가족이란 이름 안에 하나로 뭉뚱그려질 수 없어요. 각자의 우주를 가만 들여다보고, 그것의 특별함을 알아채기 위해 애써야 합니다. 그러려면 하루와 아빠처럼 많은 시간을 보내야 해요. 아니 어쩌면 우리는 늘 같이 있는데 그 시간을 소중히 여기지 않는 것인지도 모릅니다. 육아에 서툴고, 엉뚱한 행동으로 하루를 불편하게 하는 아빠가 실은 늘 하루 곁을 든든하게 지켜주고 있었음을 나중에야 알게 되는 것처럼요.

『아빠랑 안 맞아!』는 어린이에게 지금 곁에 있는 사람과 보내는 '하루'가 얼마나 소중한 순간인지 알려줍니다. 가만히 바라보고, 가만히 귀 기울이고, 가만히 곁에 있어주는 그 시간이 만들어내는 기적을 알게 해줘요. 자신을 조금 느긋하게 바라보는 여유 한 조각도 함께요.

이런 점이 좋아요!

- 글과 그림으로 표현된 하루와 아빠의 자기소개서가 삽화 형식으로 재치 있게 담겼어요.
- 작품 속 인물이 서로 다른 점을 인정하고 가까워지는 과정을 장면 속에 잘 담아냈어요.
- 함께 보낸 시간 속 사소한 일상의 소중함을 아름다운 풍경 묘사 속에 잘 녹여냈어요.

더 이야기 나눠봐요!

1. 하루와 아빠처럼 나를 소개하는 자기소개서를 써볼까요?
2. 하루는 연희 언니와 함께 진아를 빼고 금잔디 놀이터에서 놀 것인지, 진아와 함께 무지개 놀이터에서 놀 것인지를 선택해야 했어요. 내가 하루라면 어떤 선택을 할까요? 그 이유는 무엇인가요?
3. 하루처럼 아빠나 엄마와 함께 오래오래 사진으로 남겨두고 싶은 장면이 있나요? 어떤 장면인가요?

함께 읽으면 좋은 책

엄마 사용법 김성진 글 | 김중석 그림 | 창비 | 2012

엄마를 가져보지 못한 현수에게 '생명 장난감' 엄마가 생긴다. 현수의 기대와 달리 '생명 장난감' 엄마는 살림만 잘한다. 그러다 현수가 진짜 엄마 역할을 가르쳐주면서 가족이 되어간다. 진정한 가족이 무엇인지에 대한 날카로운 질문을 던지는 작품이다.

레기, 내 동생 최도영 글 | 이은지 그림 | 비룡소 | 2019

동생 레미가 얄미운 언니 리지는 '내 동생 쓰레기'라는 문장을 손이 아플 때까지 쓴다. 그런데 동생은 정말로 10리터짜리 쓰레기로 변해버린다. 언니 리지가 동생을 원래 모습으로 돌려놓기 위해 고군분투하는 과정을 들여다보며 아이들은 형제자매의 소중함을 다시금 느낄 수 있다.

참 다행인 하루 안미란 글 | 김규택 그림 | 낮은산 | 2016

우람이는 태풍이 오는 날 혼자 집을 지킨다. 떠돌이 개는 단팥빵을 혼자 먹기 위해 애쓴다. 집을 떠나 낯선 동네에서 성민이는 혼자 놀지 않았다. 우람이도, 개도, 성민이도, 혼자가 아니라 친구가 함께라서 참 다행인 하루를 보낸다.

선택은 너에게 달렸어!

『책 읽는 고양이 서꽁치』
이경혜 글 | 이은경 그림
문학과지성사 | 2022

"재능은 무거운 짐과 같아서
꺼내 쓰면 너무나 좋지만
짊어지고만 있으면
몇 배로 괴롭거든."

자기가 좋아하는 일에 몰두하는 아이의 얼굴을 본 적이 있나요? 눈이 반짝이고 온몸이 그쪽으로 잔뜩 기울어져 있지요. 주변이 사라진 듯 몰두하느라 시간이 얼마나 지났는지 가늠을 못하기도 해요. 입가에 옅은 미소를 띠고 있는 모습을 곁에서 지켜보면 아름답기까지 합니다. 그 몰입의 순간은 아이를 행복하게 합니다. 도전하는 일에 과감하게 용기를 내고 한 걸음 더 나아가게 하지요. 이런 아이의 모습을 닮은 고양이가 등장하는 이야기가 있습니다.

『책 읽는 고양이 서꽁치』의 '서꽁치'는 호기심이 아주아주 많은 고양이예요. 꽁치는 어미 '명월'에 이어 한 세대에 한 마리만 전해지는 글 읽는 능력을 물려받았어요. 글을 읽을 수 있게 되자 꽁치에게 세상은 그전과 완전히 달라집니다. 생활도 편해지고 맛있는 것도 금방 찾을 수 있어요. 꽁치는 읽기 자체를 좋아합니다. 읽을거리를 찾아 닥치는 대로 읽습니다. 그러다가 책을 만나게 됩니다. 책 읽기에 푹 빠진 꽁치의 모습은 좋아하는 것에 맹목적으로 뛰어드는 어린이의 모습을 닮았어요. '앎'이 '호기심'과 만났을 때, 운명은 우리를 정해진 길이 아닌 새로운 곳에 데리고 갑니다.

꽁치의 능력은 꽁치를 위험에 빠뜨리기도 해요. 몰래 간판을 읽으려 항구 나들이를 하다 어선의 그물에 갇히기도 하고, 정신없이 『보물섬』을 읽다가 '영미'에게 들켜 이용당할 뻔한 위기에 처하기도 하지요. 어미 명월은 그 위험성을 경고하지만, 꽁치는 책 읽기에 몰두하느라 그 경고를 자주 잊습니다. 꽁치는 점점 집과 멀어져 더 넓은 세상으로 떠나요. 갈수록 더 큰 위험을 감수하고 과감해져요. 꽁치는 자기가 선택한 길이기에 위험이 닥쳐도 후회하지 않습니다.

명월은 그 재능을 어떻게 쓸지 스스로 선택하라고 말합니다. 재능을 어떻게 쓰느냐에 따라 행복할 수도, 불행할 수도 있다고 이야기해요. 꽁치는 글 읽는 재능을 살리는 삶을 선택합니다. 여행 중에 꽁치는 다양한 사람과 동물을 만나요. 그들은 위험이 도사리는 세상에서 서로 도우며 살아갑니다. 모험에는 위험이 따르지만 그에 못지않은 달콤한 보상이 기다리는 법입니다. 어느 날, 도서관 안에서 사는 하얀 고양이 '흰눈'을 만나 가족을 이루게 되지요. 선택의 순간은 그 후에도 이어집니다.

이야기는 서꽁치의 일생을 물 흐르듯 매끄럽게 풀어가요. 장소를 자주 옮겨 다니니 지루해질 틈이 없습니다. 꽁치는 좋아하는 일에 집중하고 두려움 없이 길을 개척합니다. 행운이 왔을 때는 충분히 행복해하고, 슬픔이 왔을 때는 충분히 슬퍼합니다. 그 후에 해야 할 일을 담담히 하며 삶을 이어나가지요. 이 책은 꽁치의 책 읽는 재능이 곧 행복을 가져와줄 것처럼 단순하게 그리지 않았어요. 행복은 많이 원하고 고민하고 행동해야 얻을 수 있는 것임을 은근하게 드러내요.

이야기 속에는 『장화 신은 고양이』 『쥐 둔갑 타령』 『보물섬』 등 서꽁치가 좋아한 책이 많이 나옵니다. 작가는 독자와 어린이책을 자연스럽게 이어주며 좋은 동화를 슬쩍 알려줍니다. 꽁치가 선택한 삶은 책을 통해 새 친구를 만나고 책을 주제로 대화하며 살아가게 합니다. 책은 꽁치에게 새로운 세상을 만나게 해주는 마중물입니다. 그 속에서 꽁치는 행복을 느낍니다.

언젠가 어린이들도 자기 길을 스스로 선택해야 할 시간이 올 겁니다. 꽁치 곁에서 미리 여행해본 친구들은 알 거예요. 그 선택에는 위험이 뒤따를 수도 있고, 그에 따른 책임도 기꺼이 자기가 져야 한다는 것을요. 그렇지만 그 길의 가치 또한 알겠지요. 거기에는 새로운 모험과 만남이 기다리고 있어요. 이 책은 꽁치의 선택을 넘어 독자의 선택을 응원합니다. "당당하게 어깨를 쭉 펴고 내 선택을 믿고 걸어가세요"라고 말이에요.

 이런 점이 좋아요!

- 책과 고양이라는 친숙한 소재를 탁월하게 엮어 이야기가 흥미로워요.
- 재능의 양면성을 보여주며 많은 생각거리를 남겨요.
- 훌륭한 그림책과 동화를 다양하게 소개하고 있어요.

 더 이야기 나눠봐요!

1. 내가 서꽁치라면 섬에서 가족과 함께 살았을까요? 아니면 섬을 떠나는 모험을 했을까요?
2. 왜 투투는 부엉이에게 잡힌 서꽁치를 구해주었을까요?
3. 서꽁치에게 내가 읽은 책 중에서 소개하고 싶은 책이 있다면 제목과 그 이유를 설명해주세요.

함께 읽으면 좋은 책

쥐 둔갑 타령 박윤규 글 | 이광익 그림 | 시공주니어 | 2008

동화 『책 읽는 고양이 서꿍치』에 등장하는 그림책이다. 손톱 먹는 쥐에 대한 옛이야기를 각색했다. 손톱을 먹고 사람으로 변신한 쥐라는 섬뜩한 설정이 이야기의 흥미로움을 살린다. 재미난 입담이 이야기의 맛을 더한다.

수달 씨, 작가 되다 윤여림 글 | 김소라 그림 | 천개의바람 | 2021

우체국에서 일하는 수달 씨는 글 쓰는 걸 좋아한다. 하루는 하마 씨의 권유로 출판사에 글을 보내게 된다. 한 번도 생각해보지 않은 길을 처음 가보는 수달 씨가 용기를 내어 작가가 되는 과정을 담았다.

짐 크노프와 기관사 루카스

미하엘 엔데 글 | 프란츠 요제프 트립 그림 | 마티아스 베버 채색 | 김인순 옮김 | 주니어김영사 2021

짐 크노프와 기관사 루카스는 세상에서 가장 작은 나라 룸머란트에 산다. 이들은 어쩔 수 없는 사정이 생겨 작은 섬을 떠나게 되고, 세계 여행을 하며 모험의 여정에 오른다. 새로운 공간으로 나아가는 것은 용기가 필요한 일이지만 아주 짜릿하고 흥미로운 일임을 잘 보여준다.

중학년을 위한 동화 2

머물고
생각하며
읽기

내 옆에 누가 있는지
떠올려봐요

『맹물 옆에 콩짱 옆에 깜돌이』
이소완 글 | 모예진 그림
봄볕 | 2022

"저희는 깜돌이를
돌보려는 게 아니라,
친구가 되고 싶은 거예요."

    반려견을 키우는 일에 가장 기본이 되는 습관은 '산책'입니다. 매일 개를 산책시키기 위해 집 주변을 돌다 보면 비슷한 시간에 만나게 되는 반려인이 생깁니다. 이들과 만날 때마다 자연스럽게 각자의 반려견 안부를 묻고 이런저런 사소한 대화를 나누게 되지요. 『맹물 옆에 콩짱 옆에 깜돌이』도 반려견 '깜돌이'를 중심으로 주변 사람들이 서로 관계 맺으며 연결되는 이야기예요.

'얼쑤 아저씨'는 임용고시 준비로 바빠서 깜돌이를 자주 산책시키지 못해 고민합니다. 그런 아저씨를 대신해 '맹물'과 '콩짱'이 깜돌이와 놀아주고 산책도 시키게 되었지요. 두 아이는 깜돌이와 산책하면서 정이 많은 할머니와 '그냥' 씨를 만나게 되고 점점 친해집니다. 할머니는 오랜 시간 반려견을 키웠던 경험으로 깜돌이의 훈련을 도와줘요. 아이들은 그냥 씨가 깜돌이가 보고 싶어 일부러 공원에 매일 나왔다는 사실을 알게 되어요.

싱겁고 눈물이 많은 맹물, 콩알만 한 몸집에 기운이 짱짱한 콩짱은 서로 의지하는 친구 사이입니다. 맹물은 항암 치료 중인 엄마에 대한 걱정과 슬픔이 가득하고, 부모님의 이혼으로 아빠와 사는 콩짱은 마음 한구석이 외로워요. 그런 두 아이에게 깜돌이가 나타났고, 새로 알게 된 어른들과 가깝게 지내면서 슬픔과 외로움은 조금씩 옅어집니다. 장마다 맹물과 콩짱이 번갈아 서술자가 되어 이야기가 전개되어서 두 아이의 속마음을 잘 살필 수 있어요.

이야기에서 특이한 점은 세 명의 어른이 맹물과 콩짱을 어리게 보지 않고 수평적인 관계로 대한다는 것이에요. 아이들이 가진 아픔에 고리타분한 조언을 하거나 섣불리 깊게 관여하지 않아요. 어른들은 그저 아이들 옆에서 같이 시간을 보냅니다. 아이들에게 따뜻하고 넉넉한 품을 내어주지요. 같이 밥 먹고 시간을 보내면서, 두 아이를 위로하는 모습이 참 포근합니다.

사람뿐만 아니라 개 깜돌이도 무게감 있는 중요한 역할을 해요. 반려동물을 단순히 소재로 이용하는 데 그치지 않고, 사람과 동등하게 다룬 점이 돋보입니다. 얼쑤 아저씨와 두 아이는 혼자 빈집에 남겨진 깜돌이를 데리러 가지만 깜돌이가 원하지 않는다는 걸 알아차려요. 주인이 돌아올 때까지 '그 집'에서 기다리고 싶은 깜돌이 마음을 헤아리며 억지로 데리고 오지 않아요. 세 사람 모두 깜돌이가 가장 원하는 게 무엇일까를 알아줍니다.

처음엔 맹물과 콩짱의 결핍을 부모의 이혼과 질병으로 설정했다는 점이 조금 불편하게 느껴졌습니다. 요즘 동화에서 이런 설정이 너무 자주 등장한다는 생각이 들었거든요. 그러나 이야기를 여러 번 다시 읽고는 생각이 바뀌었습니다. 이 작품은 아이들이 처한 상황 자체보다 맹물과 콩짱, 할머니와 그냥 씨, 얼쑤 아저씨 그리고 깜돌이가 하나로 연결되는 그 과정을 보여주는 데 집중합니다. 연결망 안에서 어른들은 어린이가 건강하게 자라도록 정성을 기울여요.

요즘은 옛날처럼 한 동네에 오래 머물러 살지도 않을뿐더러 바로 옆집에 누가 사는지도 모릅니다. 한 아이를 키우는 데 온 마을이 힘을 쏟는 일은 일어나기 어렵지요. 그렇지만 『맹물 옆에 콩짱 옆에 깜돌이』에서 그려낸 이웃 간의 '느슨하지만 다정한 연대'는 얼마든지 가능할 것 같아요. 책을 읽으면서 아이는 '맹물 옆에 콩짱 옆에 깜돌이 옆'에 자기 자리도 그려보고, 곁에 있는 사람과 기꺼이 연결되려는 마음을 키울 수 있습니다.

교실에서 『맹물 옆에 콩짱 옆에 깜돌이』를 다 읽고 난 뒤 반 아이들 이름을 하나씩 칠판에 썼어요. 이왕이면 큰 동그라미를 그리듯 혜수 옆에 지수 옆에 다정이 옆에 현진이 옆에…… 그리고 마지막에는 선생님까지 적어서 완성해요. 그러면 아이들이 놀라운 걸 발견했다는 듯이 말하지요. "선생님, 우리 모두가 하나로 연결되어 있어요!"라고요.

 이런 점이 좋아요!

- 상대가 처한 상황을 이해하고 공감하는 과정이 잘 드러나는 이야기예요.
- 반려동물의 입장을 헤아리며 진심으로 대하는 태도를 알 수 있어요.
- 내 주변에는 누가 있는지 둘러보고 연결의 소중함을 느끼게 해줘요.

 더 이야기 나눠봐요!

1. 그냥 씨의 말버릇처럼 '그냥'이라는 단어를 붙이고 싶은 사람이나 물건이 있다면?
2. 도움을 주고받으면서 이웃이나 친구와 친해지게 된 경험이 있나요?
3. 내 옆에 있는 소중한 사람들을 떠올리며 "누구 옆에 누구 옆에 누구"라고 적어보세요.

함께 읽으면 좋은 책

기다려, 오백원! 우성희 글 | 노은주 그림 | 단비어린이 | 2020

가족, 친구, 친척 등 사랑하는 이들과의 이별은 갑작스럽게 찾아온다. 이런 슬픈 일은 경험하고 싶지 않지만 다행스럽게도 극복할 수 있도록 도와주는 사람들을 만나게 되기도 한다. 좋은 사람들을 만나 아픔을 위로받고 치유해가는 과정을 그린 네 편의 이야기가 담겼다.

강아지 시험 이묘신 글 | 강은옥 그림 | 해와나무 | 2019

강아지를 너무너무 키우고 싶은 선후. 마침 친구인 미나네 강아지가 새끼를 다섯 마리나 낳았다. 미나 할아버지는 선후에게 한 마리 키워보라고 한다. 하지만 엄마는 반대하고 미나는 강아지를 그냥 줄 수 없으니 강아지 시험을 보라고 한다. 엄마도 설득해야 하고 강아지 시험도 통과해야 한다는 생각에 걱정이 많은 선우는 앞으로 어떻게 될까? 반려동물을 키우기 위한 준비와 마음가짐을 생각하게 하는 책이다.

우리 동네에 놀러 올래? 김민경 글 | 정문주 그림 | 문학과지성사 | 2016

순정이네 가족의 소소하고 다채로운 일상이 담겨 있다. 집에 곤란한 일이 생기면 이웃에 사는 할머니와 할아버지의 도움을 받기도 하고 이웃들과 함께 어울려 지내는 사람들의 정겨운 모습을 엿볼 수 있다. 순정이와 순모 남매는 동네 여기저기를 다니며 따듯한 마을 울타리 안에서 몸과 마음이 건강한 어린이로 자란다.

어린이의 기다림을 알아채는 따스한 시선

『금순이가 기다립니다』

윤성은 글 | 경혜원 그림
문학동네 | 2021

"혼자 기다리는 건 쓸쓸하지만 함께 기다리는 건 패나 든든하거든요."

"선생님, 안녕하세요."

"어서 와요. 오늘 기분은 어때요?"

등교하는 아이들과 아침마다 잠깐이라도 일대일로 이야기를 꼭 나눕니다. 지난밤 잘 잤는지, 오늘 기분은 어떤지, 아침밥은 먹고 왔는지 물어보지요. 이렇게 가벼운 대화를 나누다 명랑한 겉모습에 가려진 아이의 여린 마음을 만나게 될 때가 있습니다.

"부모님이 일찍 출근하셔서 제가 동생을 유치원에 데려다줘요."

"저희 부모님은 식당 하시는데 주말에는 너무 피곤해서 주무셔야 해요."

여러 사정으로 부모와 지내는 시간이 충분하지 못한 아이들이 들려주는 말입니다. 아이들은 명랑하게 일상을 말하는데, 듣는 어른은 코끝이 찡해집니다. 부모의 빈자리를 제 나름대로 채워가며 열심히 살아내는 모습이 안쓰럽기도, 고맙고 기특하기도 합니다.

『금순이가 기다립니다』의 '사랑이'도 그런 아이입니다. 고깃집을 운영하는 부모님이 너무 바쁘기 때문에 여덟 살 사랑이는 아침에 일어나 혼자 밥을 챙겨 먹고 학교에 갑니다. 돌봄 교실이 끝나면 가게 한구석에서 제 할 일을 하며 엄마 아빠를 기다리지요. 부모님에게 같이 놀아달라 조르지도 않고, 외롭다고 투정 부리지도 않습니다.

어쩌면 요즘 우리 아이들 대부분이 사랑이처럼 '혼자' 지내지 않나 하는 생각이 듭니다. 맞벌이 부부에 외동인 경우가 흔하고, 많은 아이들이 학교를 마친 뒤 바로 학원에 가서 늦은 저녁에야 집에 돌아오니까요. 사랑이는 심심하고 쓸쓸합니다. 하지만 부모에게 말하지 않지요. 우리 아이들도 그런 건 아닐까요. 그저 부모가 자기 마음을 알아주기를, 부모에게 여유가 생겨 자신과 함께해주기를 기다리고 있지 않을까요.

이 책에서는 어린이의 기다림과 같은 무게로 유기견의 기다림을 다릅니다. 강아지 '금순이'는 주인인 '언니'를 기다리지요. 덜렁이 마녀의 마법 덕분에 금순이는 해가 질 때까지 사람의 모습으로 지내게 됩니다. 주인을 기다리는 금순이의 마음은 주인을 향한 무조건적인 신뢰와 사랑에 바탕을 두고 있습니다. 부모를 사랑하며 기다리는 어린이의 모습과 크게 다르지 않지요.

'기다림'이란 감정을 공유한 사랑이와 금순이는 서로에게 좋은 친구가 되어줍니다. 둘은 흙 파기 놀이를 하고, 미용실 놀이를 하고, 엉덩이를 흔들며 공놀이를 하지요. 함께 놀이하는 그 순간에는 사랑이도, 금순이도 심심하거나 쓸쓸하지 않습니다. 책을 읽는 어린이도 그럴 거란 생각이 들어요. 현실에서 혼자 있더라도 책 속 세계에서는 혼자가 아닙니다. 읽다 보면 어느 순간 금순이와 사랑이 곁에서 우다다 뛰고, 까르르르 웃는 자신을 발견하게 될 거예요.

금순이는 끝내 주인을 찾지 못하고, 해가 지자 강아지의 모습으로 돌아갑니다. 사랑이 부모님은 여전히 바쁘고 사랑이는 혼자지요. 그러나 모든 게 그대로인 건 아니랍니다. 사랑이 부모님이 '항상 밝고 씩씩한 사랑이의 속마음'을 알게 되었고, 금순이는 사랑이 가족과 지내게 되지요. 사랑이네가 '금순이가 기다립니다'라는 포스터를 만들고, 금순이의 주인을 함께 기다려주는 결말은 보는 이의 가슴을 뭉클하게 만듭니다.

이 책을 읽는다고 해서 어린이가 놓인 현실이 변하지는 않지요. 부모는 여전히 바쁘고, 어린이는 그런 부모를 기다릴 겁니다. 하지만 어린이는 사랑이를 통해 자기 마음을 전보다 잘 알게 될지 모릅니다. 어쩌면 부모님에게 "기다리는 거 힘들어요. 혼자 노는 거 심심해요"라고 제 마음을 털어놓을 용기를 얻을지도요.

아이들이 그저 책 읽는 동안만이라도 사랑이랑 금순이랑 뛰어놀며 잠시 행복하면 좋겠습니다. 책이 어린이에게 다정한 친구가 되어주었다는 뜻이니까요. 친구와 함께라면 어린이의 '기다림'이 꼭 '심심하고 쓸쓸한' 것만은 아닐 테니까요.

이런 점이 좋아요!

- 말로 표현하지 못하는 어린이의 여린 마음을 드러내주는 이야기예요.
- 인간과 동물이 '기다림'을 공유하며, 가까운 사이가 되어가는 모습을 정성껏 다뤘어요.
- 인물의 입장이 잘 드러나 있어서 인물을 골라 가상 인터뷰 활동을 해보기 좋아요.

더 이야기 나눠봐요!

1. 사랑이나 금순이가 그랬듯이 누구를/무엇을 기다려본 경험이 있나요?
2. 사랑이처럼 가족 없이 혼자 있는 시간을 잘 보내는 나만의 비법이 있나요?
3. 부모님과 교환 쪽지를 써보아요. 평소 하지 못했던 말을 나누는 시간을 만들어봅시다.

함께 읽으면 좋은 책

누가 올까? 이반디 글 | 김혜원 그림 | 사계절 | 2021

동물과 어린이가 서로를 발견하고 마음을 나누는 따스한 동화 세 편이 실려 있다. 한 편씩 읽다 보면 배려, 감사, 사랑 등 소중한 가치를 마음에 담게 된다. 파스텔톤의 그림도 글의 따스한 분위기를 한껏 살려준다.

첫눈 오는 날 찾아온 손님 김리리 글 | 김소라 그림 | 문학동네 | 2022

두 편의 이야기가 실린 단편집이다. 외로운 아이들에게 반가운 손님이 찾아온다. 손님은 사람이 아닌 특별한 존재들이다. 아이들은 손님과 시간을 보내며 위로받고, 힘을 얻는다. 작가는 어린이 누구나 가져봄 직한 마음을 살펴 부드럽게 품어준다.

두 발 세 발 네 발 안미란 글 | 박지윤 그림 | 봄볕 | 2021

표제작인 「두 발 세 발 네 발」은 몸이 불편해 걷기 힘들어진 할아버지와 동욱이 그리고 명군이의 동행을 통해 '오늘'의 소중함을 알려준다. 두 번째 이야기 「너랑 나랑」의 주인공 '나'는 새 동네로 이사 와 외로운 마음을 길고양이 까망이를 돌보며 달랜다. 책을 읽고 나면 가슴 언저리가 따스해진다.

'이해'라는 말의 무게

『도토리 사용 설명서』
공진하 글 | 김유대 그림
한겨레아이들 | 2023

"나는 이 특별한
조종 장치가 좋다.
누가 뭐래도 내 거니까 말이다."

    우리는 다른 사람의 입장이 되어보는 경험을 통해 그 사람의 세상을 조금씩 이해합니다. 상대를 알아가는 과정은 함부로 단정하는 태도를 없애요. 또, 잘 몰라서 저지르는 실수를 알아채게 합니다. 특히 내 주변에서 자주 만나지 못하는 존재를 이해하기 위해서는 더더욱 상대의 입장이 되어봐야 하지요. 동화는 다양한 인물의 각기 다른 삶을 보여줍니다. 한 교실에 있는 우리의 모습이 각각 다른 것처럼 장애도 '다름'의 일부라고 알려주고 싶은데 쉽지 않아요. '이해'라는 말이 이처럼 무겁게 느껴질 때가 없습니다. 그럴 때, 아이들에게 읽어주는 동화가 있습니다.

『도토리 사용 설명서』의 주인공 '유진'은 중증 복합 장애를 가지고 있어요. 몸을 자유롭게 움직이는 게 힘들어 휠체어를 타야 하고 몇 마디의 말과 손가락 제스처로만 의사소통할 수 있지요. 작가는 2학년 김유진 어린이의 일상을 아주 세밀하게 담았어요. 유진이는 자기 생각이 분명하고 관찰력이 뛰어납니다. 또 그 나이에 부릴 법한 욕심도 부리지요.

유진이는 자기가 먹고 싶은 과자를 어버이날 선물로 사기도 하고 최신 휴대폰이 가지고 싶어 일부러 엄마의 휴대폰에 침을 잔뜩 발라놓습니다. 유진이의 욕구와 감정들이 우리가 가진 그것과 다르지 않다는 것을 이 장면을 통해 알 수 있어요. 유진이도 여느 아이들과 같이 명랑하고 진지하게 일상을 살아갑니다.

유진이의 별명은 '도토리'입니다. 휴대폰 사용 설명서를 본 유진이는 번뜩이는 아이디어를 냅니다. 처음 만난 친구들과도 금방 친해질 수 있는 '도토리 사용 설명서'를 만들겠다는 것이지요. 이러한 '나 사용 설명서'는 유진이와 세상을 연결하고 유진이를 잘 이해할 수 있도록 도와줍니다. '나 사용 설명서'는 유진이에게만 필요한 것이 아닙니다. 나에 대해 잘 알려주면 친구와 더 평화롭게 지낼 수 있겠지요. 우리 모두 서로에게 건넬 사용 설명서가 필요해요.

책 속에서 유진이는 '고진경 선생님'과 햄버거 놀이를 하며 점점 친해집니다. 캠프에서 신나게 '꼬마야, 꼬마야'를 함께 외치며 줄넘기하는 부분을 읽으면 우리도 함께 들썩들썩하게 되지요. 그저 유진이와 함께 기뻐하고 좌절하고 울고 웃다 보면 일상을 진지하고 유쾌하게 살아가는 유진이를 더 잘 알게 됩니다. 이것은 동화가 주는 귀중한 경험입니다.

우리는 모든 장애인이 아닌, 자람 학교에 다니는 2학년 유진이의 일상을 이 책을 통해 만납니다. 유진이가 모든 장애인을 대표할 수는 없습니다. 이 책은 특수학교 교사 공진하 선생님이 쓰셨습니다. 장애가 있는 어린이들을 가까이서 보면서 그들에게 어떤 마음과 눈길이 필요한지 고민한 흔적이 깃든 책이에요.

멋진 상수리나무가 될 도토리에게 왜 너는 이렇게 생겼냐고 묻지 않아요. 온 산을 데굴데굴 잘 굴러다니게 해주어야 해요. 그러려면 큰 울타리가 되어줄 훌륭한 어른과 세상과 연결할 수 있는 '도토리 사용 설명서'와 같은 통로가 필요합니다. '이해'라는 말의 무게는 가볍지 않지만 그 무게만큼 충분히 가치 있는 말입니다. 『도토리 사용 설명서』를 읽은 어린이들이 자란 사회는 좀 더 따뜻하고 다정하길 바랍니다.

아직까지 장애를 가진 어린이가 주인공으로 등장하는 동화는 그 장애만 부각해서 다루는 경우가 많습니다. 언젠가는 장애를 가진 어린이도 자연스럽게 친구들 속에 스며들어 삶을 나누는 이야기에 등장하길 바랍니다. 그러기 위해서 우리는 더 많은 편견을 걷어내고 다름을 인정할 수 있어야 합니다. 이 책은 그 과정 중에 있는 동화라 믿습니다.

이런 점이 좋아요!

- 주인공 유진이의 성격과 생각이 문장에 잘 드러나게 묘사했어요.
- '장애'에 초점을 맞추지 않고 '유진'이라는 고유한 존재에 초점을 맞추어 이야기를 풀어나가요.
- 밝고 유쾌한 그림 분위기가 유진이의 장난기 가득한 성격과 잘 어울려요.

더 이야기 나눠봐요!

1. 『도토리 사용 설명서』에서 만난 유진이는 어떤 성격을 가진 아이인가요?
2. '나 사용 설명서'를 만든다면 나는 고급 기능에 무엇을 넣고 싶나요?
3. 유진이는 같은 반 친구들을 아주 잘 관찰합니다. 여러분은 같은 반의 어떤 친구를 잘 알고 있나요? 그 친구가 자주 하는 행동, 말투, 몸짓은 무엇인가요?

함께 읽으면 좋은 책

내겐 소리로 인사해 줘 안미란 글 | 심보영 그림 | 마음이음 | 2022

마당 있는 집으로 이사 온 요철이는 옆집에 이사 떡을 돌리러 갔다가 리나와 친해진다. 요철이는 시각장애를 갖고 있는 리나와 의사소통하는 법을 배워나가며 함께 유기견을 찾는 모험을 떠난다. 장애가 크게 강조되지 않지만 시각장애인과 의사소통하는 법을 자연스럽게 드러내준다.

바람을 가르다 김혜온 글 | 신슬기 그림 | 샘터사 | 2017

5학년 용재와 찬우는 일주일간 짝으로 만난다. 뇌병변장애가 있는 찬우를 용재는 그 어떤 특별 대우도 하지 않는다. 과보호 속에 자란 찬우는 오히려 그런 용재가 고맙다. 장애를 바라보는 시선에 대해 생각할 거리가 많은 단편이 실려 있는 책이다.

동단비 옆 동바람 이정아 글 | 김성라 그림 | 문학동네 | 2020

형 때문에 속상한 단비, 도시 개발로 인해 단절된 이웃이 그리운 할머니, 쉽게 입양하고 버리는 반려동물 등 우리 사회에서 잘 드러나지 않는 존재를 다룬 이야기다. 가벼운 주제는 아니지만 이야기에 그늘을 드리우지 않고 밝게 다루어 전체적으로 희망찬 분위기를 띠고 있다.

백두산 일곱 봉우리를 넘나들며 벌이는 신들의 활약

『흑룡을 물리친 백두공주와 백 장수』

임정자 글 | 홍선주 그림
놀궁리 | 2021

"이젠 잊힌 신, 수많았던 백두산 신들, 그 신들의 이야기를 들려줄게."

언제부터인가 '그리스 로마 신화'를 읽고 즐기는 아이가 많아졌습니다. 아이들은 제우스, 헤라, 헤라클레스 등 여러 신의 이름과 특징을 외우고, 신들에 얽힌 이야기를 잘 압니다. 신화를 알면 여러 나라 문학이나 콘텐츠를 이해하고 즐기는 데 도움이 되겠지요. 하지만 상대적으로 우리 옛이야기나 신화에 대한 관심은 그리 많지 않은 것 같습니다. 읽고 즐기는 이야기도 그 수가 많지 않아 늘 아쉬운 마음이 있었지요.

그렇기에 『흑룡을 물리친 백두공주와 백 장수』를 발견하고 무척 반가웠습니다. 아이들에게 권할 만한 이야기라는 생각이 들었거든요. 이 책은 백두산에 기원을 둔 민족에게서 전해오는 우리 신화를 바탕으로 쓰였습니다. 덕분에 이야기를 통해 백두산의 지리·지형적 특징을 확인하고, 우리 민족의 정서를 자연스레 살필 수 있어요. 이야기로서의 완성도와 재미도 부족하지 않아 만족스럽습니다.

책에 실린 이야기 네 편에는 각자의 매력을 뽐내는 인물이 등장하고, 선과 악의 흥미로운 대결이 속도감 있게 펼쳐져요. 「신들의 어머니, 백두여신」의 '지옥신', 「흑룡을 물리친 백두공주와 백 장수」의 '흑룡', 「괴물새를 쏜 활의 여신, 더룽」의 '요괴새'는 독특한 악역이지요. 한편 「다툼을 다스린 쌍칼어머니신」에서는 인간의 이기심이 교활한 '늙은 이리'를 불러 마을을 재앙에 빠트립니다.

지옥신과 흑룡, 요괴새와 늙은 이리는 '나쁜 마음'은 힘도 세고, 머뭇거림 없이 모든 걸 파괴하려 한다는 걸 보여줘요. 하지만 겁내지 않아도 됩니다. 우리에게는 멋진 영웅이 있고, 그들에게는 악에 맞서는 선한 의지와 단단한 용기가 있으니까요. 백두여신은 지옥신에 맞서 일곱 자식을 키우고, 백두공주는 백 장수와 힘 모아 흑룡을 물리칩니다. 더룽과 신궁 아부타이는 목숨을 걸고 요괴새와 싸우지요.

이야기 속 공간은 백두산 주변의 하늘과 땅을 아우릅니다. 지옥신이 데려온 얼음신은 백두산 봉우리에 앉아 찬바람을 일으키고, 백두여신의 자식은 날개를 달고 하늘로 올라가 빛을 쏩니다. 흑룡이 말려버린 물을 되찾기 위해 백 장수는 은 삽으로 땅을 파서 물을 고이게 하는데, 이게 백두산 천지예요. 이야기를 읽다 보면 자연스레 커다란 공간을 머릿속에 그리게 되지요. 독자는 높은 하늘을 시원하게 날고, 거대한 산을 위아래로 빠르게 오가는 자유로움을 맛봅니다.

『흑룡을 물리친 백두공주와 백 장수』는 판타지를 좋아하는 아이라면 단숨에 읽어버릴 책이에요. 평소 책이라면 절레절레 고개를 젓는 아이도 금방 이야기의 매력에 빠질 겁니다. 맛깔난 입말로 쓰인 문장과 박진감 넘치는 장면 묘사 덕분에 지루할 새 없이 책장이 넘어가거든요. 그뿐만 아니라 마시면 날개가 돋는 샘물, 화살 하나가 백 개로 늘어나는 천궁 등 신비한 힘을 가진 사물이 등장해 읽는 재미는 배가 됩니다.

드넓은 초원과 높은 산맥, 광활한 천지를 오가며 벌이는 신들의 전쟁 이야기는 아이들에게 큰 세상을 상상하게 해줍니다. 책을 읽고 나면 우리 땅과 하늘이, 강과 바다가 전과는 다르게 보일 거예요. 더 크고, 더 멋지게 느껴질 테지요. 또한 신과 인간이 협력하여 악에 맞서고, 역경 앞에서도 끊임없이 자신을 단련하는 모습은 진정한 힘과 용기가 무엇인지 보여줍니다.

어린이 앞에 놓인 세상이 때로 몹시 혼란스럽고, 두렵게 느껴집니다. 나쁜 사람도 많고, 나쁜 일도 많이 일어나지요. 아이들에게 우리 옛이야기, 우리 신화를 들려주세요. 나보다는 우리를, 두려움보다는 용기를 택했던 이들이 끝내 승리하는 이야기를 읽고 안심하게 해주세요. 아이는 그렇게 신화 속 영웅과 함께하며 선한 마음과 호기로움을 시나브로 키워갈 겁니다.

 이런 점이 좋아요!

- 이야기 속에 자연스럽게 백두산의 지리·지형적 특징이 드러나요.
- 맛깔난 입말과 생생한 장면 묘사 덕분에 누구나 흥미롭게 읽을 이야기예요.
- 인물이 역경을 헤쳐나가는 모습을 통해 진정한 힘과 용기를 살필 수 있어요.

 더 이야기 나눠봐요!

1. 「흑룡을 물리친 백두공주와 백 장수」 백두공주와 백 장수가 힘을 합쳐 흑룡과 싸우는 장면을 어떻게 보았나요?
2. 「다툼을 다스린 쌍칼어머니신」 쌍칼어머니는 뭐든지 공평하게 갈라내는 능력을 지녔어요. 여러분이 이런 능력을 가진다면 어디에 사용하고 싶은가요?
3. 백두산 신화를 흉내 내어 나만의 '한라산 이야기'를 만들어봅시다.

함께 읽으면 좋은 책

아기장수 우투리 서정오 글 | 이우경 그림 | 보리 | 2016

백성이 살기 힘들어진 세상에 아기장수 우투리가 등장한다. 그러나 세상을 바꾸리라는 기대를 받았던 우투리는 제 역할을 해보지도 못하고 죽임을 당한다. 재미있는 옛이야기이면서 여러 생각거리를 담고 있는 그림책으로, 자연스레 우리나라 전통문화와 정서를 살필 수 있다.

제주가 굼굼하우꽈? 김영숙 글 | 나오미얌 그림 | 풀빛 | 2023

제주도의 산과 들에 얽혀 있는 신화를 술술 풀어 담았다. 설문대 할망, 바위가 된 박씨 여인, 자청비, 영등 할망 신화 등을 읽으며 제주의 지형적 특징을 알게 되고, 제주의 역사와 문화도 살필 수 있다. 이야기 사이에 제주의 자연 풍경, 유적지가 실제 사진 및 자세한 설명과 함께 등장해 '제주의 모든 것'을 알려주는 책이다.

삼국유사 이현 글 | 정승희 그림 | 한국고전소설학회 감수 | 웅진주니어 | 2014

고려 시대 승려 일연이 편찬한 삼국 시대의 역사서 『삼국유사』에서 건국 이야기만 추려 담았다. 어린이 눈높이에 맞게 입말을 살려 적고, 인물의 탄생과 나라 세우는 일을 간략히 알 수 있게 풀어 썼다. 우리 땅에 자리했던 여러 나라를 살피고, 여러 나라의 문화를 슬쩍 엿볼 수 있다. 어린이를 배려한 삽화와 편집이 돋보인다.

중학년을 위한 동화 3

한 걸음 더 나아가기

평범한 여럿이
힘 모아 만들어내는 기적

『신호등 특공대』

김태호 글 | 윤태규 그림
문학과지성사 | 2017

"하나보단 둘이 더 나을 거라 생각했어. 우리처럼."

길을 건널 때마다 우리는 신호등을 봅니다. 대부분의 사람들은 색깔만 살피고 바삐 자리를 뜨지요. 만약 신호등 안의 사람이 살아 움직인다면 어떤 일이 일어날까요? 『신호등 특공대』에는 '철기둥 위 이층집(신호등)'에 사는 초록불 '고고'와 빨간불 '꼼짝마'가 등장합니다. 이들이 신호등 밖으로 나오면서 흥미로운 모험이 시작되지요. 우리가 무심

코 지나치는 일상의 풍경을 새롭게 보게 해주는 이야기입니다.

뭐든 즉시 일단 해보고야 마는 '고고', 신중하게 따져보는 '꼼짝마', 위험에 처한 아기 고양이를 구해내려는 엄마 고양이 '꼬리반반', 화살표를 들고 삐걱삐걱 걷는 비상구 '상구', 구조 요청 신호를 알아차리고 도움을 주는 '할머니'. 사물과 동물과 사람이 각각 힘을 모아 무너진 담벼락에 갇힌 아기 고양이를 구해냅니다. 혼자서는 무엇도 해낼 수 없지만 '함께'라서 가능한 일이었지요.

중학년 아이들은 자기중심적 사고에서 벗어나 자기 주변을 살피기 시작합니다. 내 생각만 고집하지 않고, 다른 사람의 입장을 조금씩 헤아려보지요. 학교에서는 하나의 목표를 이루기 위해 다양한 사람과 협력하는 걸 차근차근 배우는 시기이기도 해요. 『신호등 특공대』의 인물들이 각자 개성을 뽐내면서도 생명을 구하는 데 기꺼이 힘을 보태는 모습은 '함께'하는 기쁨과 감동을 느끼게 해줍니다.

아이들은 등장인물을 보면서 자기가 어떤 사람인지 견주어봅니다. 자신이 꼼짝마를 닮았다는 한 아이는 해마다 새 교실, 새 친구를 만나는 게 힘들다고 말해요. 고고처럼 말보다 행동이 앞서는 바람에 때로 의도하지 않은 결과가 생겨 난처해진 경우가 있었다는 아이도 있지요. 이야기에서 고고도, 꼼짝마도 어느 한쪽이 더 우월한 인물이 아닙니다. 똑같이 중요하죠. 아이들도 그걸 금방 알아차립니다.

김태호 작가는 작가의 말에서 "주어진 안전한 환경에 만족하며 문을 열고 나가길 두려워 마세요"라고 당부합니다. 고고와 꼼짝마가 신호등 밖으로 나와 모험하고 성장한 것처럼 우리 아이들도 그랬으면 하는 마음을 전한 거죠. 책을 읽고 난 뒤, 4학년 진영이는 "나도 꼼짝마처럼 걱정도 많고, 새로운 걸 해보는 게 두려웠다. 하지만 이제는 조금씩 도전해봐야겠다"라는 후기를 들려주었어요. 작가의 마음이 아이들에게 잘 전해진 것 같아 뿌듯했습니다.

내가 누구인지, 내가 어떤 사람인지 알려면 다양한 경험을 해보아야 해요. 익숙한 공간을 벗어나서 새로운 사람을 만나고, 계획하지 않은 일도 겪어보아야 하지요. 『신호등 특공대』는 중학년 아이에게 평범한 일상 밖으로 한 걸음 내디뎌볼 용기를 건넵니다. 고고도 꼼짝마도 혼자가 아니지요. 고고 곁에는 꼼짝마가, 꼼짝마 곁에는 고고가, 그 옆에는 상구가 있습니다. 우리 아이들 곁에도 좋은 친구, 든든한 어른이 있다는 걸 알려주지요.

마지막 장면에서 고고, 꼼짝마, 상구는 꼬리반반의 등에 타고 도움이 필요한 친구를 향해 달려갑니다. 평범한 신호등이 영웅 신호등 특공대로 거듭난 것이지요. 엄청난 초능력을 가진 영웅 한 명이 세상을 구하는 이야기가 아니라서 좋습니다. 『신호등 특공대』를 읽고 난 4학년 어린이들은 영웅에게 가장 필요한 능력이 "생명을 사랑하는 마음과 용기"이며, "혼자가 아니라 여럿이 힘을 모아야" 한다고 해주었어요. 평범한 여럿이 힘 모아 기적을 만들어내는, 멋진 이야기 『신호등 특공대』입니다.

 이런 점이 좋아요!

- 인물의 특징이 명확하게 드러나서 간단한 문장으로 정리하기 쉬워요.
- 이야기 묘사가 뛰어나 읽으면서 영화 보듯 장면이 생생하게 떠올라요.
- 이야기 줄거리를 일이 일어난 순서에 따라 간단하게 정리하기 좋아요.

 더 이야기 나눠봐요!

1. 나는 고고와 꼼짝마, 상구 중 어떤 인물과 닮았나요?
2. 아기 고양이 구출 작전에서 가장 큰 공을 세운 인물은 누구라고 생각하나요?
3. 우리 주변에 신호등 특공대가 있다면, 누구를/무엇을/어떻게 도와주면 좋을까요?

 함께 읽으면 좋은 책

우리 동네 전설은 한윤섭 글 | 홍정선 그림 | 창비 | 2012

준영은 새로 이사 간 마을의 전설을 하나씩 알아간다. 전설을 찾아 나선다는 핑계로 준영은 동네 아이들과 가까워지고, 그 과정에서 마을 사람들의 숨겨진 이야기를 접하게 된다. 읽고 나면 우리 이웃과 우리 동네 이야기에 절로 관심이 생긴다.

곰이 강을 따라갔을 때
리처드 T. 모리스 글 | 르웬 팜 그림 | 이상희 옮김 | 소원나무 | 2020

곰 한 마리가 강에 빠져 모험을 하게 된다. 불쑥 나타난 개구리, 거북이, 비버, 너구리는 곰의 모험에 동행한다. 곰과 친구들은 위험한 순간을 넘기며, 함께 있으면 좋다는 걸 알게 된다. 따로따로 지내던 동물들이 마지막 장면에서 한데 어우러지는 모습이 인상적이다.

사거리 문구점의 마녀 할머니 한정기 글 | 국지승 그림 | 봄별 | 2021

사거리 문구점에는 마녀 할머니 인형이 있는데, 주인아줌마는 아이 세 명에게 인형을 권한다. 인형은 행운의 마녀가 되어 아이들을 찾아오고, 아이들이 가진 고민을 해결하는 데 꼭 필요한 만큼의 마법만 부린다. 불쑥 찾아온 마법과 마녀 할머니가 건네는 위로가 꼭 필요한 만큼, 맞춤하게 어린이의 마음을 다독여준다.

아이의 생각을 키우는
낯설고 서늘한 이야기

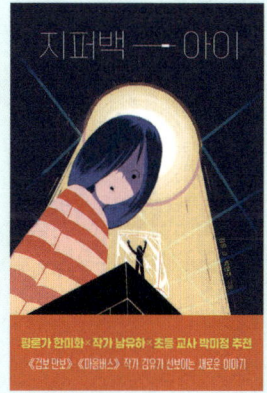

『지퍼백 아이』

김유 글 | 박현주 그림
주니어RHK | 2022

"그래, 살아 있으니까.
손이 참 따뜻하다."

"와, 선생님 이게 무슨 이야기예요?"
"그림이 이상해요. 무서워요."
『지퍼백 아이』의 표지만 보고 초등 4학년 아이들이 보인 반응입니다. 그림 속 한 아이는 탁자 위를 놀란 눈으로 바라보는데, 아이의 시선이 닿는 곳에 작은 형체가 담긴 지퍼백이 놓여 있습니다. 실루엣만 보고도 사람이라는 걸 알 수 있지요.

지퍼백 안에 갇힌 사람이라니 뭔가 신비롭고 섬뜩합니다.

대개 중학년 대상 동화는 학교나 집을 배경으로 가족이나 친구 문제를 다루지요. 아이들은 자기 경험을 끌어와 인물의 감정을 이해하고, 사건을 재미있게 즐깁니다. 문체도 말랑말랑 다정해서 읽기 수월한 편이에요. 이에 반해 『지퍼백 아이』에 실린 세 이야기는 표지 분위기 그대로 뭔가 낯설고 서늘합니다. 한 번에 이해되지 않아 책을 다 읽고도 '이 이야기는 무엇을 말하고 있나?' 곰곰이 생각해 보아야 하지요.

첫 번째 이야기인 「비밀의 꼬리」는 피노키오를 떠올리게 합니다. 피노키오는 거짓말할 때 코가 길어지는데, 주인공 '재민이'는 꼬리가 길어지거든요. 엄마에게, 선생님에게 거짓말을 하며 꼬리를 키운 재민이는 친구에게 누명을 씌우기까지 합니다. 꼬리가 사라지기까지 재민이는 환상과 현실을 넘나드는 기묘한 일을 겪지요.

다음 이야기인 「지퍼백 아이」는 부모의 기대와 일방적인 지시 속에 작아지는 아이 마음을 눈에 보이게 그려냅니다. 실제로 아이의 몸이 작아지는 거죠. 나중에는 지퍼백에 쏙 들어갈 만큼 작아지는데, 작아진 아이를 알아채지 못한 부모는 아이를 식재료로 착각해서 지퍼백에 넣기까지 합니다. 중학년 아이들에게는 다소 충격적인 매운맛 이야기이지요.

마지막 「엄마가 있는 집」은 엄마를 잃은 어린이의 슬픔을 아름답게 그려냅니다. 하루는 자신의 생일날 하늘나라에 간 엄마와 고구마 케이크를 만들어요. 하루는 엄마의 사랑을 듬뿍 느끼며 행복한 시간을 보내지요. 하지만 환상이 사라진 후 하루는 아빠와 둘이서 생일 축하 노래를 부릅니다. 하루는 엄마 없는 현실로 돌아왔지만 결말은 해피엔딩입니다. 엄마의 사랑을 되새기는 한, 언제나 하루의 생일은 '특별한 하루'이니까요.

「엄마가 있는 집」은 세 편 중 상징과 비유가 가장 많이 쓰이고, 환상과 현실의 경계가 모호한 이야기입니다. 중학년 어린이가 단번에 환상의 의미와 하루의 감정 변화를 읽어내기는 쉽지 않습니다. 그래서 매력적인 이야기지요. 고구마 케이크가 상징하는 건 무엇일까, 하루는 엄마를 진짜 만난 걸까, 마지막에 아빠와 마주 앉은 하루는 무엇이 달라졌을까? 질문하고 답해보는 동안 아이의 생각이 한 뼘 더 자랍니다.

그림책을 읽던 아이가 글이 많은 책으로, 쉽고 재미있는 책에서 어렵지만 의미 있는 책으로 넘어갈 때, 적절한 징검다리가 필요합니다. 『지퍼백 아이』는 중학년 책에서 고학년 책을 연결해주는 꽤 괜찮은 징검다리예요. 아이가 자주 읽던, 익숙한 이야기가 아니라 조금 낯선, 잘 모르는 이야기지요. 하지만 지나치게 어렵고, 복잡한 이야기는 아닙니다. 문체도, 주제도 중학년 아이에게 적당한 도전이 되어주는 정도랍니다.

이런 이야기는 독자에게 퍼즐 맞추기처럼 책 읽기라는 놀이에 몰입하는 즐거움을 선물합니다. 이야기를 이리저리 들여다보고, 작가가 숨겨놓은 단서를 맞춰보면서 적극적으로 책을 읽게 해주지요. 마침내 나만의 해석을 발견했을 때, 아이는 커다란 성취감과 재미를 느낍니다. 이런 독서 경험은 아이가 책 속 문장 너머의 숨겨진 뜻과 깊이 있는 통찰까지 발견하는 유능한 독자로 자라도록 돕습니다.

 이런 점이 좋아요!

- 퍼즐 맞추기처럼 작가가 숨겨놓은 단서를 찾는 재미가 있어요.
- 중학년 어린이의 생각을 한 뼘 더 자라게 해주는 이야기예요.
- 인물의 행동에 공감하거나 공감하기 어려운 이유를 나눌 수 있어요.

 더 이야기 나눠봐요!

1. 「비밀의 꼬리」 내 꼬리는 어느 정도 길이인가요? 왜 그렇게 생각하는지 이유도 나눠요.
2. 「지퍼백 아이」 지퍼백 아이가 지오 자신으로 돌아올 수 있었던 이유는 무엇일까요?
3. 「엄마가 있는 집」 이야기의 제목이 왜 '엄마가 있는 집'일까요?

함께 읽으면 좋은 책

신기한 이야기 반점 오진원 글 | 다나 그림 | 웅진주니어 | 2021

도현이가 간 중국집에 '오래된 이야기 방'이 있다. 도현이가 방에 있는 물건을 하나씩 만질 때마다 옛이야기가 펼쳐진다. 독자들은 환상의 공간에서 신기한 모험을 한 후 현실로 돌아온다. 하루에 한 꼭지씩 읽고, 책 대화를 나누기 좋다.

까부는 수염과 나 차영아 글 | 이나래 그림 | 마음이음 | 2020

세상에서 가장 아름다운 조각상인 다비드 상의 과거를 상상한 이야기다. 다비드 상의 원석이 생쥐 '까부는 수염'을 만나 사랑하고 사랑받는 일을 깨우친다. 까부는 수염과 돌이 주고받는 말이 유쾌하면서도 묵직하다. 문장 너머의 사려 깊은 생각을 천천히 살피다 일렁이는 감동에 코끝이 찡해진다.

하룻밤 이금이 글 | 이고은 그림 | 사계절 | 2016

아빠가 유나와 준서에게 자신이 어릴 적 할아버지와 보냈던 하룻밤 이야기를 들려준다. 죽음을 앞둔 할아버지는 막내 손자와 밤낚시를 떠난다. 어린 아빠는 잡힌 잉어를 살려주면서 용궁 여행을 다녀오고, 할아버지와의 하룻밤은 영원히 잊히지 않는 추억으로 남는다.

3. 한 걸음 더 나아가기

당당하고 씩씩한 생쥐라서 괜찮아!

『마녀를 잡아라』
로알드 달 글 | 퀸틴 블레이크 그림
지혜연 옮김 | 시공주니어 | 1997

"전 정말 아무렇지도 않아요.
사랑해주는 사람이 있는데
자기가 무엇인지,
어떻게 생겼는지가
무슨 문제가 되겠어요."

"저는 호랑이나 사자 같은 숲의 왕, 정글의 왕으로 변하고 싶어요. 모두가 절 두려워하잖아요." 책을 읽다 말고 아이들과 변신에 대해 이야기를 나누게 되었지요. 아이들은 크고 멋진 동물이 되어서 지금 내가 할 수 없는 일을 해보고 싶어

합니다.『마녀를 잡아라』는 새로운 모습으로 변신한 한 소년이 못된 마녀들을 혼내주는 이야기입니다.

소년은 부모님을 잃고 할머니와 단둘이 살게 됩니다. 할머니는 매일 밤 이야기를 들려주었는데, 아이는 마녀 이야기를 가장 좋아했어요. 할머니가 젊은 시절에 마녀 전담반이었다는 사실이 마녀 이야기를 더욱 흥미롭게 만듭니다. 소년은 할머니가 알려준 마녀에 대한 정보 덕분에 마녀를 알아보는 방법을 알게 되지요.

소년은 이야기로만 듣던 마녀를 휴가지에서 실제로 마주치게 됩니다. 장갑, 가발, 뾰족 구두로 정체를 숨긴 마녀를 단번에 알아채지요. 여왕 마녀는 아름다운 얼굴 뒤에 아이들을 생쥐로 만들어버리겠다는 사악한 마음을 숨긴 무시무시한 존재였어요. 고약한 마녀들은 마법의 약을 써서 자기들의 모임을 지켜보던 소년을 생쥐로 변신시킵니다.

소년이 크고 멋진 동물이 아니라 생쥐로 변신해서 실망하는 어린이가 있을지도 몰라요. 하지만 정작 소년은 낙담하지 않습니다. 생쥐보다 어린아이라는 존재가 더 별 볼 일 없다고 말하며 생쥐라도 괜찮다고 하지요. 날쌔고 작은 몸으로 번개처럼 움직일 수도 있고, 허락되지 않은 장소에도 얼마든지 드나들 수 있다고 좋아해요. 소년은 생쥐가 되어 평소 어린이들이 하지 못하는 일을 하게 된 것을 기뻐합니다. 독자는 소년이 고약한 마녀와 맞서는 것을 보며 '아하, 생쥐라서 실망했는데, 생쥐라서 이런 모험을 할 수 있었구나!'

하고 깨닫지요.

우여곡절 끝에 생쥐 소년이 성공적으로 마녀를 소탕하는 장면에 이르면 어린 독자들은 기뻐합니다. 이제 곧 사람으로 돌아올 소년을 기다리지요. 하지만 소년은 '생쥐인 자신을 사랑해주는 할머니가 계시니' 그대로 남아도 상관이 없다고 말해요. 시험 걱정도 돈 걱정도 없는, 자유로운 생쥐로서의 삶을 택합니다. 더 나아가 할머니와 함께 전 세계에 흩어진 마녀들을 잡으러 길을 나서지요. 일반적이고 뻔한 이야기로 마무리하지 않아요. 뜻밖의 결론으로 독자의 생각을 흔듭니다.

『마녀를 잡아라』는 당찬 생쥐 소년만큼이나 멋진 할머니 이야기로 독자를 즐겁게 합니다. 할머니는 언제나 있는 그대로의 아이 모습을 응원하지요. 그렇기에 생쥐로 변해도 괜찮아요. 소년이 마녀를 소탕하는 모험을 할 수 있도록 할머니는 꼭 필요한 도움을 줍니다. 핸드백에 넣어 식당으로 데려다주기도 하고, 여왕 마녀의 방을 찾아주기도 해요. 덕분에 소년은 마녀를 혼내주러 호텔 곳곳을 누비지요. 함께 읽는 어린이들도 소년이 걱정되고 두려운 마음을 내려놓고, 유쾌하고 자유로운 모험을 실컷 즐길 수 있습니다.

여왕 마녀는 어린이를 골칫덩어리에 욕심 많은 말썽꾸러기라고 말합니다. 아이에게 함부로 대하는 어른의 모습이지요. 아이들은 이런 마녀를 소년이 혼내주는 모습을 보며 통쾌함을 느낍니다. 두려운 존재였던 마녀가 작은 생쥐로 변하는 순간, 아이들은 자기도 모르게 "와!" 하는 탄성을 내지르지요. 자신들보다 더 작은 존재인 생쥐에게 혼나는 어른들을 보며 깔깔거리고 즐거워해요.

함께 읽는 어른에겐 이 책이 조금 불편할지도 모릅니다. 등장하는 마녀들의 모습도 기괴하고, 어린이를 "와자작 으스러뜨리고 빠드득 비틀어버리"겠다는 거친 표현도 나오지요. 더군다나 소년이 생쥐로 변해 다시는 인간으로 돌아오지 않는 결말도 조금 당황스럽습니다. 어린이에게 다정하고 좋은 것만 보여주고 싶은 어른은 이 책을 건넬까 말까 고민할 수도 있어요.

하지만 어린이에게 이 이야기는 몹시 재미있고 통쾌한 모험과도 같습니다. 현실에선 금지된 일이나 할 수 없는 일을 마음껏 경험케 하는 책이지요. 안진영 시인의 「고백」(『맨날맨날 착하기는 힘들어』, 문학동네, 2013)이란 동시가 있습니다. 아이들이 무척 좋아하는 동시지요. 시 속 어린이는 자기에게 자꾸 "착하다"고 하지 말라 합니다. 자기 안에 좋은 마음만 있는 건 아니라고요. 그런 어린이에게 이 책은 자기 안에 있는 여러 결의 마음을 시원하게 드러내도록 해줍니다.

『마녀를 잡아라』는 아이 혼자 또는 아이끼리 읽으면 좋습니다. 어른 눈치 보지 않고 생쥐 소년이 되어 마녀 소탕 작전에 뛰어들어 마음껏 즐기는 거지요. 오싹오싹 떨다가, 키득키득 웃다가, 마침내 "하하하!" 통쾌하게 웃어보길 바랍니다. 아이는 가슴을 무겁게 짓누르던 규칙과 규율, 의무와 책임의 무게를 단번에 날려버리고 큰 해방감을 느낄 거예요.

우리 아이에게 선생님이나 부모님은 책 속 할머니와 가까울까요? 아니면 마녀와 가까울까요? 궁금해도 아이에게 묻지는 말기로 해요.

 이런 점이 좋아요!

- 풍부한 상상력으로 현실에 없는 세계를 신비하게 그려내요.
- 생쥐가 된 소년의 스릴 넘치는 모험이 읽는 내내 긴장을 잃지 않게 해줘요.
- 할머니의 사랑이 주인공을 용기 있는 소년으로 자라게 하는 과정을 보여줘요.

 더 이야기 나눠봐요!

1. 내가 생각하는, 마녀만큼 무서운 존재는 무엇인가요?
2. 만약에 생쥐가 된다면 나는 어떤 선택을 할까요?
3. 소년과 할머니는 앞으로 어떤 모험을 하게 될까요?

 함께 읽으면 좋은 책

마틸다 로알드 달 글 | 퀸틴 블레이크 그림 | 김난령 옮김 | 시공주니어 | 2018

천재 소녀 마틸다는 남다른 총명함과 초능력을 가졌다. 이런 능력을 활용해서 마틸다는 부모의 무관심, 트런치불 교장의 부당한 행동에 통쾌한 복수를 한다. 그리고 부모 곁을 떠나 자신의 진가를 알아봐주는 단 한 사람인 하니 선생님과 살기로 한다. 로알드 달의 생애 마지막 장편 동화로, 세계적으로 많은 인기를 얻어 영화와 뮤지컬로도 제작되었다.

마법의 설탕 두 조각 미하엘 엔데 글 | 진드라 차페크 그림 | 유혜자 옮김 | 한길사 | 2001

원하는 것마다 안 된다고 말하는 부모에게 화가 난 렝켄. 렝켄은 요정을 찾아가 마법의 설탕 두 조각을 얻고, 마법의 설탕을 먹은 엄마와 아빠는 키가 줄어든다. 그러나 막상 엄마 아빠의 키가 손톱 크기만큼 줄어들자 렝켄은 두려움과 불편함을 느끼고 부모의 키를 원래대로 되돌릴 방법을 요정에게 묻는다. 어린이 독자는 부모와 겪는 갈등 상황에서 자주 힘의 불균형을 경험한다. 이 이야기는 어린이가 부모를 작고 약하게 만들어버리고 싶은 욕구를 건강하게 해소하게 돕는다. 한편, 부모와 자녀 사이에 생긴 갈등을 어떻게 해결하면 좋을지도 곰곰이 생각해보게 한다.

오즈의 마법사
라이먼 프랭크 바움 글 | 윌리엄 월리스 덴슬로우 그림 | 기명진 옮김 | 비룡소 | 2012

도로시는 회오리바람에 실려 오즈의 나라에 도착하고, 다시 캔자스 집으로 돌아가기 위해 마법사 오즈를 만나러 길을 떠난다. 이 길 위에서 도로시는 지혜가 없는 허수아비, 마음이 없는 양철나무꾼, 겁쟁이 사자를 만나 친구가 된다. 네 인물의 모험 이야기는 우정에 대해 여러 생각을 하게 해주고, '내가 원하는 것은 이미 내 안에 있다'는 멋진 깨달음도 얻게 해준다. 아이들과 함께 읽어가며 멈추고, 질문하고, 생각을 나눌 의미 있는 장면과 좋은 문장이 많은 책이다.

제4부

고학년을 위한 동화

고학년의 책 읽기

독서 습관 다지며 청소년 독자로 발돋움하기

고학년은 독서 습관이 어느 정도 자리 잡는 시기입니다. 아이들은 스스로 책을 선택해서 읽고 싶어 합니다. 부모나 교사가 책을 권할 수는 있지만 강요할 수 없어요. 이 시기가 되면 아이들은 그동안 키워온 문해력을 바탕으로 나름의 읽기 전략을 사용하여 책을 봅니다. 모르는 어휘를 글에서 유추하며 읽고, 책의 줄거리뿐 아니라 주제를 파악하며, 자기 경험과 생각에 견주어보기도 하지요.

이때는 책 읽을 시간을 확보해주는 것이 가장 중요합니다. 학업 부담, 영상 매체나 게임 등이 아이의 책 읽는 시간을 빼앗는 현실에서 고학년 책 읽기에 가장 중요한 것은 '시간'입니다. 억지로 시간을 정해주고 책을 읽으라고 하면 아이는 반발합니다. 다양한 독서 동기(서점 방문, 어른의 모범, 나만의 책장 한 칸 만들기, 책 대화)를 제공하면서 아이가 하루에 책 읽는 시간을 스스로 확보하도록 도와야 합니다.

고학년의 책 읽기는 개인을 넘어 주변과 사회문제 등 다루는 주제를 넓혀가면 좋습니다. 개인적 흥미와 관심에서 시작한 독서가 철학, 과학기술, 역사와 시사적인 문제 등으로 자연스럽게 연결되면 좋겠지요. 이런 책 읽기는 단순한 정보 지식 습득에서 나아가 아이의 시선이 세상으로 향하게 해줍니다. 내 삶이 책 속 이야기와 동떨어져 있지 않고 깊이 연결되어 있다고 느끼게 해주는 것이죠. 이런 책 읽기가 잘 이뤄진다면 아이는 스스로 책을 읽어가는 내적 동기를 갖게 됩니다.

'만만하고 즐거운 읽기'에는 고학년 아이들이 좋아할 만한 소재를 담은 책을 담았습니다. 이야기 구성이 너무 복잡하지 않고, 제목이나 도입부만 읽어도 '재미있겠다' 생각이 들 만한 책을 선택했지요. 고학년이 되면 아이끼리 독서 수준 차이가 크게 벌어집니다. 이런 차이를 고려해서, 조금만 애쓰면 누구나 어느 정도 읽을 수 있는 책을 건네면 좋지요. 여기서는 같은 또래 아이의 사연을 다룬 책, 우리 옛이야기를 녹여낸 한국형 판타지 동화, 너무 길지 않은 분량이라 읽기 수월한 단편 동화를 소개합니다.

'깊게 생각하며 읽기'에서는 아이들이 평소에는 깊이 생각해볼 기회가 적었던 주제를 다룹니다. 죽음, 진로, 폭력 등과 같이 우리 삶에 존재하고, 중요하게 다뤄야 할 주제예요. 하지만 어른들은 "아직 애들은 몰라도 돼"라며 아이들과 나누기 꺼려합니다. 이런 불편함을 줄이고, 아이들에게 스스로 생각해보라고 질문을 던지는 책을 정리했습니다. 앞으로 어떤 꿈을 꾸고, 어떻게 살아가야 할지를 고민하는 고학년에게 건네는 동화입니다.

'확장하는 책 읽기'에서는 넓은 세계로 시야를 확대하고, 좀 더 큰 가치를 말하는 책을 소개합니다. 다루는 인물의 서사나 심리 묘사가 풍부하면서 인물에게 던져지는 삶의 과제를 묵직하게 담아내는 책이에요. 인물은 시간과 공간, 관계에 제한을 두지 않고 자유로운 모험을 즐깁니다. 고학년 아이들이 부모님 그늘에서 벗어나 자신의 정체성을 찾고, 조금씩 성장해나갈 힘을 키워주지요.

고학년 아이들에게 새 학기에 "애들아, 우리 반은 1년 동안 동화책을 많이 읽을 거야"라고 했을 때 한 번도 열광적인 호응을 받아본 적이 없습니다. 늘 시큰둥한 반응이었지요. 하지만 한 권씩 함께 읽은 책이 쌓일수록 아이들의 반응이 달라집니다. "선생님, 다음 책은 뭐예요?"라고 먼저 물어보기도 하지요. 아이들은 어느새 책 속 인물과 깊이 연결되고 이야기의 재미를 알게 됩니다. 책을 통해 내면의 힘을 키운 것이지요.

'만만하고 즐거운 읽기'에서 '깊게 생각하며 읽기'를 거쳐, 힘내어 '확장하는 책 읽기'까지 이르러보길 권합니다. 차근차근 읽어가는 동안 다른 사람의 감정을 상상해보는 마음의 눈과 세상을 읽을 수 있는 눈을 갖게 되어요. 아이들은 그렇게 청소년 책 읽기로 가뿐하게 넘어갑니다.

고학년을 위한 동화 1

만만하고 즐거운 읽기

우리를 지지해주는 손가락 하나의 힘

『열세 살의 걷기 클럽』

김혜정 글 | 김연제 그림
사계절 | 2023

"손가락 하나로도
사람을 살릴 수 있어.
고작 손가락 하나가 아니라니까."

　고학년은 자기와 맞는 친구를 사귀는 것이 가장 큰 과제이자 관심사입니다. 그런데 친한 친구가 생겼다고 해서 편안해지는 건 아닙니다. 사이가 틀어지기도 하고 이런저런 일로 감정이 상하는 등 친구로 인한 고민은 쉽게 사라지지 않아요. 『열세 살의 걷기 클럽』에도 고민 많은 6학년 아이들이 등장합니다. 친구 문제로 마음의 상처가 있는 '윤서', 이성 친구 때문에 고민인 '재희', 무리에서 따돌림당하는 '혜윤', 친구를 돕고도 오해받는 '강은'. 이 네 친구가 걷기 클럽에 함께하면서 이야기가 시작됩니다.

네 아이의 성격이 달라 초반에는 모임이 잘 이루어질까 불안했습니다. 살을 빼려는 의지가 강한 재희만 혼자서 열심히 걷고, 세 아이는 각자의 고민에 빠져 클럽 활동에 적극적으로 참여하지 않아요. 하지만 점점 같이 만나서 걷는 횟수가 늘어나고 서로 대화하면서 고민도 같이 나누기 시작합니다. 몸을 움직이고 곁에서 함께 걸으며 아이들은 조금씩 서로에게 가까워지지요.

클럽 멤버들은 각자의 장점을 발휘해 긍정적인 영향을 주고받는 관계로 발전해갑니다. 패션 감각이 뛰어난 혜윤이는 재희와 같이 쇼핑을 가고 외모와 스타일이 더 돋보일 수 있게 도와줘요. 그러면서 친구들에게 인정받고 소속감을 느끼게 됩니다. 강은이는 특기인 오지랖을 발휘해 윤서의 상처를 알아차리고 용기를 내도록 격려해주지요. 그렇게 네 아이는 봄, 여름을 보내고 가을, 겨울이 될 때까지 함께합니다.

걷기 클럽과 함께한 사계절 동안 아이들은 무엇을 얻었을까요? 바로 '손가락 하나의 힘'이에요. 네 아이가 등산하는 장면에서 윤서가 뒤처지고 힘들어하자 강은이가 등 뒤로 다가가 슬쩍 밀어줍니다. 겨우 손가락으로 밀었을 뿐인데 윤서는 힘을 내서 앞으로 계속 나갈 수 있었어요. 강은이는 그렇게 별거 아닌 것 같지만 사람을 살릴 수도 있는 손가락의 힘을 윤서에게 알려줘요.

우리는 힘들어하는 누군가를 위로하기 위해 거창한 방법을 생각하지만, 꼭 그럴 필요는 없습니다. 만났을 때 등을 살짝 두드려주며 "괜찮아?" 하고 건네는 한마디, 그저 말없이 옆에 앉아 있어주는 것만으로도 충분한 위로가 되기도 해요. 네 아이는 함께 걸으며 보낸 일 년이라는 시간 동안 자연스럽게 깨달았습니다. 작지만 큰 '손가락 하나의 힘'을요.

강은이가 윤서에게 전한 '손가락 하나의 힘'은 다시 강은이에게로 돌아옵니다. 거짓 소문에 시달려 일주일간 결석할 정도로 강은이가 힘들어할 때 세 친구가 날마다 쪽지를 적어 문 앞에 붙여두지요. 왜 그러냐고 묻지 않고 빨리 나오라고 재촉하지 않아요. 그저 적당한 거리에서 우리가 여기서 너를 기다리고 있다는 것을 알려줍니다. 강은이가 힘들어하던 윤서에게 해준 것처럼 친구들이 강은이의 등을 슬쩍 밀어준 것이지요. 포기하지 않고 다시 세상으로 나올 수 있도록요.

교실에서 6학년 아이들과 이 책을 읽었어요. 아이들은 네 아이에게 무척 공감하며, "이 책 진짜 좋아요"라는 반응을 보였습니다. 특히나 네 아이가 서로 고민을 털어놓고, 같이 해결해가는 그 과정을 자기들 일인 것처럼 마음에 들어 했지요. 우리 아이들도 '친구'가 중요하고, 친구와 좋은 관계를 맺는 일이 어려워 고민이라는 걸 알 수 있었습니다. 동시에 친구들로부터 인정받고 싶고, 따스한 위로를 얻고 싶어 한다는 것도요.

요즘 아이들은 온라인 만남에 익숙해서 천천히 오랫동안 사귀는 관계를 경험하기 어려워요. 그래서 이야기에 나오는 아이들 모습이나 걷기 클럽의 힘이 더 특별하게 느껴집니다. 아이들이 주고받는 말이나 몸짓, 작은 위로와 무심한 듯 살피는 시선이 누군가에게는 큰 힘이 될 수 있다는 걸 보여줘요. 이 책을 읽은 아이들이 '손가락 하나의 힘'을 믿고, 서로의 등을 슬쩍 밀어주려는 마음을 키웠으면 합니다.

 이런 점이 좋아요!

- 서로를 든든하게 받쳐주는 느슨한 연대의 힘을 보여줘요.
- 걷기 클럽과 친구들을 통해 열세 살 시기의 고민을 자연스럽게 풀어가요.
- 친구들이 서로에게 긍정적인 영향을 주고받으며 변해가는 과정이 잘 나타나 있어요.

 더 이야기 나눠봐요!

1. 작지만 큰 손가락 하나의 힘 같은 도움을 받은 경험이 있나요?
2. 나도 강은이의 집 앞에 위로의 쪽지를 써 붙인다면 어떤 말을 담아내고 싶나요?
3. 나에게 좋은 영향을 주거나 힘이 되어준 친구에게 가장 고마웠던 점과 해주고 싶은 말은 무엇인가요?

함께 읽으면 좋은 책

우리 동네에 혹등고래가 산다 이혜령 글 | 전명진 그림 | 잇츠북 | 2019

바닷가 마을에 사는 두 소년, 도근이와 찬영이에 대한 이야기이다. 할머니와 사는 도근이는 먼바다로 혹등고래를 만나러 여행을 떠난 아빠를 자랑스러워한다. 친구 찬영이는 다리가 불편한 구두 닦는 아빠가 부끄럽다. 가정 형편이 다른 두 친구가 상황과 조건을 뛰어넘어 진정한 우정을 만들어가는 여정에 가슴이 뭉클해진다.

시크릿 가든 - 초판본 비밀의 화원
프랜시스 호지슨 버넷 글 | 찰스 로빈슨 그림 | 박혜원 옮김 | 더스토리 | 2023

메리는 전염병으로 부모를 잃고, 고모부의 집인 영국 미셀스와이트로 오게 된다. 그곳에서 몸이 병약해 골방에 갇혀 지내는 사촌 콜린을 만난다. 메리는 콜린과도 친구가 되고, 디콘과 함께 콜린을 비밀의 뜰로 데리고 나와 걸을 수 있게 도와준다. 매력적인 주인공들과 비밀의 화원이라는 공간에서 펼쳐지는 이야기가 신비롭다.

나는 설탕으로 만들어지지 않았다 이은재 글 | 김주경 그림 | 잇츠북 | 2019

6학년 기적이는 '착한 아이 증후군'을 앓고 있는 마마보이다. 엄마의 지나친 기대와 공부 스트레스, 치매에 걸린 할머니 때문에 힘들게 살고 있는 사춘기 소년이기도 하다. 엄마가 짜준 시간표대로 움직였던 아이가 사춘기를 맞아 '나쁜 아이 증후군'과 '미움받을 용기'를 동시에 겪으며 성숙해지는 이야기를 담고 있는 책이다.

옛이야기로 풀어가는 우리 판타지 동화

『루호』

채은하 글 | 오승민 그림
창비 | 2022

"그들은 스스로 선택했어.
용기를 내어 어떻게 살지 정했어.
우리 자신을 만드는 건 바로
그런 선택들이야."

"이 책 딱 제 취향이에요. 저의 별점 5점입니다. 저 판타지 동화 진짜 좋아하는데 최고예요." 도현이가 『루호』를 다 읽은 날 흥분하며 이야기했습니다. 함께 읽은 동화책에 2~3점으로 늘 낮은 평점을 주던 아이를 들뜨게 만든 이 동화의 매력은 무엇일까요?

1. 만만하고 즐거운 읽기

'사람으로 둔갑한 호랑이 소녀와 친구가 된다면?'이라는 기막힌 상상에서 이야기는 시작됩니다. 호랑이 소녀 '루호'는 고드레 하숙이라 불리는 기와집에서 '구봉 삼촌(호랑이)'과 친구 '달수(토끼)' '희설(까치)'과 함께 살고 있어요. 사람 모습으로 둔갑해서 마을 사람들 속에 섞여 지내지요. 그런데 어느 날 호랑이 사냥꾼 '강태'가 '지아'와 '승재'를 데리고 마을로 이사 옵니다. 호랑이 사냥꾼의 등장으로 마을은 술렁이고, 루호네 가족은 큰 위협을 느끼게 되지요.

이야기의 첫 장면에서 루호와 친구들은 산 이곳저곳을 오가며 숨바꼭질을 합니다. 사람으로 둔갑하기 전 본래 동물의 모습으로요. 이렇게 평화롭던 일상은 산에서 죽은 너구리와 멧돼지가 발견되는 순간부터 무너지기 시작합니다. 사냥의 흔적이 과연 누구의 것인지 알지 못해 오는 두려움, 사냥꾼 강태와 호랑이인 루호와 구봉 삼촌 사이에 흐르는 긴장이 독자를 이야기에 몰입하게 만들어요. 이야기 중반부터 전개 속도가 빨라져 끝까지 한 호흡에 읽어내게 합니다.

아이들을 위해 쓰인 판타지 동화는 많습니다. 그중에서도 『루호』만이 갖는 특징이 있어요. 바로 '우리 것'을 소재로 한 '우리 판타지'라는 점입니다. 등장인물들이 우리 땅에서 나고 자라는 동물이고, 고드레 하숙을 지키는 나무도 우리에게 익숙한 향나무예요. 전래동화에서 자주 등장하는 동물과 식물이라 아이들이 친근하게 느낍니다. 판타지 장르의 신비함을 더해주는 인물도 있어요. 바로 '모악 할미'입니다. 우리 산과 그 산에 사는 생명들을 지키는 인물로 독자를 신비한 가상 세계로 한 번에 데려가주어요.

이에 더해 『루호』에서는 우리 옛이야기가 중요한 역할을 합니다. 강태네 집안이 호랑이 사냥꾼이 된 내력과 호랑이와의 오랜 악연이 생긴 이유를 옛이야기를 끌어와 설명해요. 옛이야기 '원수를 갚은 포수 아들'에 등장하는 '유복이와 금강산 호랑이'는 과거와 현재를 연결하고, 마을과 동굴과 산을 연결합니다. '호랑이 눈썹' 이야기도 의미 있게 쓰여요. 지아는 사람의 본모습을 보는 호랑이 눈썹을 가졌어요. 루호가 호랑이인 걸 알지만 못 본 척합니다. 겉모습에 가려진 모습을 소중히 여기는 지아의 선택이 빛나지요.

지아의 선택만큼이나 빛나는, 소중히 다뤄야 하는 마음이 있어요. 무거운 짐을 나르는 지아를 걱정하며 돕고, 위험에 처한 사냥꾼 강태의 손을 잡아주던 루호의 마음. 루호를 진심으로 믿어주고 챙겨주는 희설과 달수의 마음. 루호와 지아, 승재까지 품어주는 모악 할미와 구봉 삼촌의 너른 마음입니다. 이를 통해 '원수를 되갚아주지 말고 용서하라' '서로 어울려 살아가는 세상을 살아가야 한다'는 가치가 자연스럽게 드러나요. 이처럼 『루호』는 우리 문화, 우리 정신을 바탕으로 완성한 '우리 판타지'입니다.

실제로 이 책을 읽은 아이들은 호평을 들려주었어요. 산을 타고 뛰어다니는 호랑이 모습이 실감 나게 그려져서 이야기에 몰입하게 됐고, 박진감 넘치는 사냥 장면에서는 마음이 조마조마했다고요. 루호와 지아가 하고 싶은 것과 좋아하는 것을 찾아가는 과정이 좋았다고도 했습니다. "넌 뭘 하고 싶은 건데?" "그래서 너의 선택은 뭐니?"와 같은 질문이 떠올랐다는 아이도 있었어요. 아이의 말처럼 이 책은 세상 속에서 어떤 선택을 하고, 어떻게 살아갈 것인가를 생각해볼 기회를 줍니다.

『루호』는 재미와 의미를 모두 갖춘 책이에요. 고학년 담임을 할 때, 이 책을 교실 앞쪽에 놓아두면 "선생님, 이 책 재미있어요!" 하는 아이가 금세 하나둘 늘어간답니다.

 이런 점이 좋아요!

- 호랑이가 등장하는 옛이야기를 현대적으로 풀어내요.
- 서로 다른 존재를 받아들이는 자연스러운 과정이 보여요.
- 친구를 구하고 미래를 만들어가는 용감한 선택이 빛나요.

 더 이야기 나눠봐요!

1. 나에게 변신 능력이 있다면 어떤 동물로 변신해보고 싶은가요?
2. 내가 알고 있는 우리나라 옛이야기를 들려주세요.
3. 호랑이 눈썹의 힘을 갖게 된다면 나는 어떤 것을 알아채고 싶은가요?

함께 읽으면 좋은 책

몬스터 차일드 이재문 글 | 김지인 그림 | 사계절 | 2021
가상의 질병 '몬스터 차일드 증후군'에 걸린 하늬와 또 다른 돌연변이 친구 연우의 이야기이다. 진짜 모습을 숨기기 급급했던 하늬는 연우를 만나게 됨으로써 비로소 자기 자신을 드러내고 차별과 편견에 맞선다. 작가는 처음으로 내 안의 또 다른 나(몬스터)와 화해하며 자유로운 삶을 꿈꾸는 하늬를 통해 어린이가 스스로에 대한 사랑과 인정을 갖도록 한다.

모두가 원하는 아이 위해준 글 | 하루치 그림 | 웅진주니어 | 2021
B5-33번은 전신 성형을 통해 내가 가진 단점을 모두 바꾸고 모든 사람이 원하는 아이로 새롭게 태어나고 싶어 한다. 하지만 전신 성형으로 달라진 내가 행복을 주지 못한다는 것을 깨닫는다. 고민하던 B5-33번은 마침내 진짜 자신과 마주할 용기를 낸다. 자신의 부족함과 나약함을 마주하고 긍정하려는 어린이를 위한 SF 동화이다.

마지막 레벨 업 윤영주 글 | 안성호 그림 | 창비 | 2021
주인공 선우에게 유일한 낙은 하루에 한 시간 허락된 VR 게임 '판타지아'에 빠지는 일이다. 현실의 어려움을 잊을 수 있기에 게임 속 세계에 끌리게 된다. 가상 세계 속에서 원지와 친구가 되기도 하는데, 두 사람은 함께 판타지아를 누비며 자유와 행복을 만끽한다. 그러나 선우는 가상 속 세상과 현실, 가짜와 진짜 사이에서 갈등한다.

세상에 '합동'인 사랑은 어디에도 없어

『사랑이 훅!』
진형민 글 | 최민호 그림
창비 | 2018

"사귀는 사람끼리는 모든 게 합동이어야 할까?"

    학기 말이 되면 아이들이 종종 자기가 읽은 책을 가져와 권하기도 합니다. 자기는 재미나게 읽었는데 선생님은 어떻게 읽을까 궁금한가 봅니다. 특히 학년 말에 5학년 아이들은 사랑과 연애를 다룬 동화를 잔뜩 가져옵니다. 그만큼 '사랑'에 관심이 생기기 시작했다는 뜻인 것 같아 흔쾌히 함께 읽어봅니다. 『사랑이 훅!』은 그중 한 권입니다.

이 책은 '담이' '호태' '선정' '종수' '지은'이 늘 함께 어울려 놀던 공간에 '연애 감정'이 피어나면서 그 공기가 어떻게 바뀌는지 보여줍니다. 매일 지나다니던 편의점이라는 평범한 공간은 선정이가 농구하고 돌아오는 종수를 기다리면서 점차 특별해집니다. 담이와 호태는 '사귀자'라는 한 마디에 5년 동안 같이 걷던 등굣길이 더 좋아지고, 둘이 눈만 마주쳐도 웃음이 납니다. 담이는 새삼스레 호태의 앞머리를 만져보고 싶어집니다. 전에는 생각도 해보지 않은 행동입니다. 사랑은 이렇게 너무나 익숙하던 공간을 달콤하고 반짝이게 만듭니다.

여기서 보여주는 사랑은 모두 각기 다른 모양을 띠고 있습니다. 담이는 호태와 '합동'인 점과 아닌 점을 짚어보지만 억지로 맞추려 하지 않지요. 오히려 "평생 너를 지켜줄게"라는 호태의 말에 반기를 듭니다. 사랑은 누가 누구를 지켜주는 그런 게 아니라고 말이죠. 그저 서로 비밀이 없기를 약속하지요.

지은이는 호태를 짝사랑합니다. 호태와 함께 보낸 시간이 담이보다 적었던 것도, 자기가 좋아하는 남자애가 단짝인 담이와 사귀는 것도 다 속상합니다. 처음에는 당당하게 고백하지 못하는 자기 모습에 실망하기도 하지만, 지은이는 아픈 마음을 피하지 않고 그 마음을 가만히 들여다봅니다. 자기 마음을 깊이 이해할수록 다른 사람의 마음을 헤아리는 마음도 커지지요.

공부를 잘하는 선정이는 그렇지 못한 종수를 자꾸만 자기 틀에 맞추려 합니다. 정성스럽게 수학 문제집을 만들고, 종수의 수학 성적을 올려주고 싶어 애가 탑니다. 그 노력이 종수는 반가울 리가 없지요. 그래도 선정이를 좋아하니까 종수는 꾹 참아 봅니다. 둘 사이는 점점 아슬아슬해져요.

'사랑'이라는, 정답이 없는 첫 문제를 받아 든 아이들은 각자의 방법으로 고군분투합니다. 설렘이라는 감정을 선물받기도 하지만 그 과정에서 아파하기도 하지요. 아이들은 남을 사랑하게 되면서 내 마음을 더 자세히 들여다보게 됩니다. 작가는 '사랑'이라는 감정만 확 부풀려 유별나게 다루지 않았어요. 그들이 지내는 공간에 자연스럽게 스미듯 담아냈지요. 일렁이는 마음을 마주한 열세 살 아이들은 모두 진지합니다.

사랑은 나와 상대를 더 깊이 알아가는 과정입니다. 그와 동시에 내가 아닌 남을 위해 애를 쓰고 전혀 해보지 않던 힘든 일을 해보게 하지요. 매일 반복되던 생활에 '훅' 하고 들어온 감정으로 아이들은 휘청합니다. 독자는 이 주인공들과 함께 때론 설레고 때론 아플 겁니다. 서로 합동이 아닌 그들의 사랑을 보며 정형화된 사랑의 틀을 떨쳐버리기도 하지요.

어린이의 연애나 사랑을 다룬 동화가 나오기 시작한 건 비교적 최근 일입니다. 어른들이 책을 선택할 때 이 주제의 책을 고르는 것을 미루기 때문이겠지요. 선정이 엄마가 '성적은 떨어지지 않아야 하고' '서로에게 도움이 되는 친구를 사귈 것'이라는 까다로운 조건을 내세워 연애를 허락했듯이 자녀의 '사랑'은 '학습'을 중요시하는 어른들에게 후순위였습니다.

다양한 주제의 책을 읽게 해주는 것은 어린이의 생각을 열어서 듣겠다는 의미입니다. 관심 가는 분야를 알아봐주고 그 마음을 존중하겠다는 뜻이에요. 어린이가 연애와 사랑을 다룬 책에 관심이 생겼다면 책 사주는 것을 망설이지 마세요. 다 그럴 만한 이유가 있거든요. 아이는 분명히 책에서 가치 있는 것을 건져 올릴 것입니다.

이런 점이 좋아요!

- 고학년 학생들이 흥미를 끌 만한 '사랑'과 '연애'를 소재로 삼고 있어요.
- 어린이의 사랑을 존중하며, 다양한 빛깔로 담아내고 있어요.
- 인물의 성격과 상황을 고려하여 인물의 마음을 비교해보면서 글을 읽을 수 있어요.

더 이야기 나눠봐요!

1. '사귄다'는 것은 어떤 뜻일까요? 여러분은 언제 '사귄다'라고 말하나요?
2. 종수는 농구도 가지 않고 선정이가 내준 숙제를 열심히 해요. 그런 종수에게 선정이는 문제를 많이 틀렸다고 화를 냅니다. 여러분이 종수라면 어떤 마음이 들었을까요?
3. 박담은 호태와 수영하는 대신 권투를 계속 이어가기로 합니다. 만약 여러분이 담이라면 어떤 선택을 할 것인가요? 그 이유도 들려주세요.

함께 읽으면 좋은 책

고백 시대 정이립 글 | 김정은 그림 | 미래엔아이세움 | 2023

6학년 교실에서 일어나는 네 아이의 사랑 소동을 다룬다. 사랑과 우정의 줄타기 속에서 내 마음을 고백할 때뿐 아니라 거절당할 때도 용기가 필요함을 열두 살 아이들은 알아간다. 사랑을 할 때 온 감각이 살아나는 듯한 느낌을 다채롭고 아름다운 표현에 담아냈다.

어느 날 그 애가 이은용 글 | 국민지 그림 | 문학동네 | 2017

표제작에는 현지가 같은 반 남자아이에게 호감을 느끼면서 자꾸만 생각이 그 아이로 기우는 장면이 등장한다. 그 아이에게 자꾸 눈길이 가고 대신 편들어주고 싶은 마음의 정체를 확인하는 과정을 담백하게 담았다. 갑자기 내 앞에 놓인 난감한 상황들을 저마다의 방법으로 해결해 나가는 어린이의 모습이 다채로운 다섯 편의 소설에 실려 있다.

용기가 필요한 여름 조은경 글 | 임나운 그림 | 뜨인돌어린이 | 2022

5학년이 된 민유는 단짝 친구 시아가 힘든 일을 겪는 걸 보고도 나서지 못하고 머뭇거린다. 불편한 현실을 마주하기 겁내는 상황과 우정을 위해 용기를 내야 하는 상황 사이에서 고민하는 민유의 모습을 보여준다. 연애를 가장한 폭력을 바로잡아야 하는 상황에 대해 짚어볼 수 있는 책이다.

스스로 답을 찾아가는 아이들

『미소의 여왕』
김남중 글 | 오승민 그림
사계절 | 2010

"지금은 64 대 36이지만 내년엔 65 대 39가 된다. 곧 나이로도 실력으로도 할아버지를 이길 날이 올 거다."

가끔 수업 중에 단편 한 편을 함께 다룹니다. 내용이 짧아서 온전히 한 편을 다 읽을 수 있지요. 단편은 읽는 데 시간이 오래 걸리지 않지만 그렇다고 나누는 이야기가 가벼운 건 아닙니다. 하나의 질문으로 시작된 이야기는 꼬리에 꼬리를 물고 깊은 대화로 이어집니다.

교실에서 함께 읽기 좋은 단편 동화인 「미소의 여왕」에서 '진선'이는 감당하기 힘든 현실에서 친구의 칭찬에 목말라합니다. 아이들은 이 동화를 여러 결로 읽어냈어요. 진선이의 상황이 너무 안타깝다며 "작가님은 너무해요. 진선이를 너무 불쌍하게 그렸잖아요!"라고 말하는 아이도 있었지만 진선이가 도무지 이해되지 않는다며 화내듯 말한 아이도 있었어요. 같은 작품이라도 이렇듯 아이들은 다른 감상을 내놓습니다.

옛엄마와 새엄마 사이에서 고민하는 '혜린'의 이야기가 담긴 「그 사람」을 읽고 '네가 혜린이라면 어떤 선택을 할래?'라고 물었더니 아이들은 각기 다른 결정을 내렸습니다. 다시 나타난 엄마를 만나지 않기로 결정한 혜린이와 같은 선택을 한 아이가 대부분이었지만 다른 선택을 한 아이도 있었어요. 답이 뻔한 작품으로 그려졌다면 아이들은 한 가지 선택만 했을 거예요. 어느 쪽을 택하든 아이들은 나라면 어떻게 할지 고민하는 과정에서 '가족'의 의미를 다시 생각해볼 거예요. 이처럼 좋은 단편은 이야기의 주제를 자기 일로 가져와 생각할 기회를 줍니다.

농구라는 활동적인 소재를 다룬 「64 대 36」은 아이들이 가장 좋다고 했던 동화입니다. 여기서 64 대 36은 무슨 의미일까요? 이 작품에는 동네 농구 골대를 두고 치열한 자리싸움을 하는 소년들이 등장합니다. 형과 어른들에게 밀려난 소년들은 뜻밖에 농구 고수 할아버지를 만나지요. 끈질긴 설득 끝에 할아버지와 한 팀이 됩니다. 소년들은 독불장군처럼 구는 할아버지 밑에서 온갖 수모를 당해도 절대 훈련을 포기하지 않아요. 이야기가 끝날 즈음에야 비로소 독자들은 64 대 36의 의미를 알아차리게 됩니다. 64는 할아버지의 나이를, 36은 세 아이의 나이를 합친 수라는 것을요. '왜 작가는 제목을 64 대 36으로 정했을까?'에 대해서 한참 이야기 나눌 수 있었습니다.

때로는 등줄기가 서늘해지는 질문을 던지는 작품도 있어요. 「어둠 속의 푸른 눈」은 재미로 비비탄총을 쏴대던 아이가 그 총알에 눈을 다친 고양이를 마주하는 이야기예요. 숨죽이며 이야기를 읽다 보면 손안에 아직도 새끼 고양이의 온기가 느껴지는 것 같아요. 인간의 잔인성을 슬쩍 보여주며 아이에게 그것을 계속할지, 멈출지 질문해요. 어린이는 불편할 수도 있겠지요. 하지만 그 불편함이 어디서 오는 것인지 생각해본다면 이제까지 해왔던 내 행동에 대해 성찰할 수 있어요. 이런 불편함은 아이들에게 꼭 필요합니다.

이 동화는 주어진 상황에서 인물이 어떤 행동을 하고 그에 따라 주변이 어떻게 변하는지 생생하게 보여줍니다. 덕분에 독자는 인물의 감정과 고민이 마치 자신의 것인 듯 가깝게 느낍니다. 인물에 비추어 자신을 돌아보고 나는 어떤 선택을 할까 생각하다 보면 나에 대해 깊이 알게 되겠지요. 작가는 독자가 어떤 지점에 마음이 머물지 정해놓지 않아요. 머무르는 지점은 독자가 정하는 것이니까요. 읽는 아이들에 따라 받아들이는 것이 다르니 책을 읽고 난 후 이야기할 거리가 많습니다.

　단편의 매력은 질문입니다. 질문을 받아든 어린이들은 다양한 주제에 대해 깊이 생각해볼 수 있어요. 그 과정에서 나오는 질문은 책을 읽는 순간뿐 아니라 살아가면서 문득문득 떠오를 겁니다. 책이 던지는 질문을 마음에 새긴 채 자라나는 아이는 세상을 수동적으로 받아들이지 않고 세상일에 의문을 품어요. 그런 태도는 평소에 당연하게 여기던 것을 의심하고 그 문제를 당당하게 마주하는 용기를 갖게 해줍니다. 그래서 단번에 이해되지 않더라도 이 책 속 주인공들처럼 천천히 스스로 답을 찾아갈 수 있는 책을 권해야 합니다. 『미소의 여왕』은 좋은 질문거리를 많이 던지는 책입니다.

 이런 점이 좋아요!

- 여러 번 곱씹어 생각할 거리와 질문을 던지는 책이에요.
- 인물의 내면 묘사가 짧은 문장에 함축적으로 들어 있어요.
- 비교적 짧은 단편 동화라 긴 서사를 부담스러워하는 독자에게 권하기 좋아요.

 더 이야기 나눠봐요!

1. 책 속에 나랑 닮은 인물이 있나요? 어떤 면이 닮았는지 이야기해주세요.
2. 「미소의 여왕」 모든 친구의 칭찬을 듣기 위해 머뭇거리던 진선이를 어떻게 보았나요?
3. 「64 대 36」 왜 아이들은 할아버지의 구박 속에서도 훈련을 계속 이어갔을까요?

함께 읽으면 좋은 책

태구는 이웃들이 궁금하다 이선주 글 | 국민지 그림 | 주니어RHK | 2023

열두 살 태구는 아빠와 할머니랑 셋이 복도식 아파트에 살고 있다. 이웃들의 사소한 것들에 관심이 많은 태구는 보고 들은 것을 수첩에 꼼꼼히 기록한다. 다양한 이웃의 각기 다른 말과 행동을 보며 세상에 대해 궁금해하는 태구 모습이 잘 담겼다.

돌 씹어 먹는 아이 송미경 글 | 안경미 그림 | 문학동네 | 2014

작가는 속마음을 잘 말하지 못하는 아이에게 뭐든 거침없이 말하게 되는 혀를 주고, 돌 씹어 먹는 아이가 가족과 서로의 비밀을 나누게 돕는다. 낯설고 기묘한 이야기로 아이의 고민을 살피고, 고통 속에 남몰래 간직한 비밀이 없는지 질문을 던진다.

지금은 여행 중 김우주 글 | 신은정 그림 | 창비 | 2020

일곱 편의 단편을 통해 어른이 모르고 지냈을 어린이의 어두운 단면들을 조심스레 들추어 보여준다. 작가는 교실 안, 택시, 슈퍼, 벤치라는 장소에 그런 존재들을 소환한다. 비교적 배경과 인물이 복잡하지 않은 고학년 대상 단편집이다.

고학년을 위한 동화 2

깊게 생각하며 읽기

사색하며 내 마음을 깊이 들여다봐요

『햄릿과 나』
송미경 글 | 모예진 그림
사계절 | 2019

"햄릿, 너는 어디에서 왔니?"

아이가 화를 내거나 짜증 낼 때 왜 그런지 물어보면 "나도 몰라!"라는 대답이 돌아올 때가 많습니다. 자기가 어떤 생각을 하고, 어떻게 느끼는지를 차분히 말해주면 좋겠는데 그렇지 못할 때가 많아요. 우리는 아이의 그런 태도가 못마땅해서 정확하게 말해보라고 다그치곤 합니다. 그런데 『햄릿과 나』의 주인공 '미유'를 만나고는 알게 되었어요. 아이도 자기 마음을 잘 모를 수 있고, 자기 마음이 어떤지 계속 생각하는 중일 수도 있다는 것을요.

미유는 어느 날 우연히 자신의 혈액형이 가족과 다르다는 걸 알고 마음이 불편해집니다. 입양되었다는 사실을 알게 된 후에는 자주 멍하니 앉아 생각에 빠지곤 하지요. 엄마와 아빠가 미워지고, 계속 가슴이 답답하다고 느낍니다. 가족은 모두 그대로인데 미유는 혼란스러워요. 울어야 할지 말아야 할지, 이 상황을 어떻게 받아들여야 할지 고민해요.

미유는 이런 고민과 복잡한 마음을 '햄릿'에게 털어놓아요. 햄릿은 햄스터인데, 화단에 버려졌던 새끼 햄스터를 데려와 미유 가족이 돌보게 되었어요. 문득 한 번씩 앞발을 모으고 서서 생각에 빠지는 듯한 모습 때문에 '사색적인 햄릿'이라는 별명을 지어줬어요. 깊이 생각하는 미유의 모습과 꼭 닮았지요. 그런 햄릿이 꼭 자기 같아서인지 미유는 마음을 많이 쓰고 살뜰히 돌봅니다.

책에는 사이사이에 미유와 햄릿의 교감을 보여주는 글이 실려 있어요. 햄릿과 미유가 대화를 나누는 형식이에요. 곰곰이 들여다보면 햄릿의 말은 미유 자신이 던진 질문에 미유 스스로 답하는 말이구나 싶습니다. '넌 어디서 왔니?' '너는 엄마 얼굴이 생각나니?' 미유는 누구와도 나눌 수 없는 질문을 혼자 품고, 혼자 답해보려 애쓰는 것 같아요. 그 속뜻 깊은 문장을 소리 내어 읽으면 미유의 마음이 다가와 코끝이 찡해집니다.

다행히 미유는 좋은 사람들에게 둘러싸여 자라고 있어요. 이모는 미유 말을 잘 들어주고, 함께 울어줍니다. 언제나 미유를 위해 무엇이든 해주려는 각별한 사랑을 표현해요. 친구 '혜주'와 '태리'는 미유가 일상을 놓치지 않고 이어가도록 돕고, 햄릿이 죽었을 때 같이 애도해주지요. 외할머니는 "그래도 사랑하며 살았으면 되는 거야"라며 인생의 지혜를 나눠주고요. 모두가 햄릿을 아끼던 미유 마음을 소중히 여깁니다.

이렇게 곁을 지켜주는 사람들 덕분에 미유는 '생각'할 수 있었던 거예요. 힘든 마음을 피하려고 모른 척하지 않고, 그 마음을 거칠게 쏟아 자신과 타인을 다치게 하지도 않습니다. 그저 생각하고 또 생각했지요. 때로는 가까운 사람에게 넌지시 묻기도 하면서요. 이제 미유는 누구에게나 슬픈 일이 일어난다는 걸 알아요. 엄마가 '조금 다른 방법으로' 미유를 만났을 뿐 미유를 아끼고 사랑하는 마음은 누구보다 크다는 것도 깨닫게 되었지요.

『햄릿과 나』는 이렇게 자신에게 찾아온 질문을 붙들고 골똘히 생각하는 어린이의 모습을 섬세하게 다룹니다. 마음의 정체를 잘 몰라서 혼란스럽고 힘들 때는 생각에 빠지는 것도 괜찮다고 권해요. 서두르지 말고, 마음에 고이는 것들을 차분하게 살피라고 해요. 이렇게 생각하며 보낸 시간이 미유를 단단하게 키워냈음을 보여줍니다. 이제 미유는 엄마에게 궁금한 것을 직접 묻고, 속마음도 편하게 얘기할 수 있게 되었어요.

미유의 '생각'은 주로 가족의 의미에 대한 것이에요. 독자는 미유의 마음을 들여다보며 진짜 가족이란 무엇일까 질문해볼 수 있습니다. 햄스터 햄릿, 미유의 엄마와 아빠 그리고 이모, 태주와 혜리까지. 혈연관계로 맺어지지 않아도, 같은 종이 아니어도 넘치게 사랑하고 서로를 아낍니다. 진짜 가족이지요. 지금 여기, 어디서 와서 어디로 가는지 모르는 생生에서 우리가 만나 사랑한다는 건 얼마나 큰 축복인가요.

미유가 그랬듯 우리 아이도 이 책을 통해 햄릿의 인생을 지켜볼 겁니다. 그리고 미유와 함께 생각해보겠지요. 슬픔이란 무엇일까? 가족이란 무엇일까? 기억한다는 건 어떤 의미일까? 이런 사유에 머무르는 아이 모습은 얼마나 근사할까요. 그 곁에 살며시 다가가 말 걸고 싶습니다.

 이런 점이 좋아요!

- 진정한 가족의 의미가 무엇인지 새롭고, 넓게 생각하도록 해줘요.
- 자기 마음을 가만히 들여다보고, 삶의 질문을 깊이 생각해보는 과정을 담았어요.
- 반려동물을 돌보는 과정과 애도하는 과정 모두에서 정성스러운 태도를 볼 수 있어요.

 **더 이야기 나눠봐요!**

1. 내가 생각하는 가족의 의미를 짧은 문장으로 표현해보세요.
   예) 나에게 가족은 ○○이다. 왜냐하면 ~때문이다.

2. 가족이나 친척 중에서 내 마음을 가장 잘 알아주는 사람은 누구인가요?

3. 이 책에는 아름다운 문장이 많습니다. 글 속에서 마음에 드는 문장을 찾아 적어보세요.

 함께 읽으면 좋은 책

나의 달타냥 김리리 글 | 이승현 그림 | 창비 | 2013

민호는 아빠의 폭력으로 미움과 슬픔을 품고 산다. 그런 민호는 개 달타냥과 서로의 상처를 감싸 안으며 친구가 된다. 상처를 가진 두 존재가 만나 묵직하고 슬픈 우정을 나눈다. 민호가 폭력의 고리를 끊기 위해 마음속에 있는 미움을 버리려고 애쓰는 모습이 찡하고 감동적이다.

갈매기에게 나는 법을 가르쳐준 고양이

루이스 세풀베다 글 | 이억배 그림 | 유왕무 옮김 | 바다출판사 | 2021

오염된 바닷물 때문에 죽음을 맞게 된 갈매기가 우연히 만난 고양이 소르바스에게 자기 알에서 새끼가 태어나면 나는 법을 가르쳐달라는 부탁을 남긴다. 검은 고양이 소르바스는 갈매기와 한 약속을 지키기 위해 새끼 갈매기에게 나는 법을 가르쳐준다. 그 과정을 통해 애틋하고 진실한 우정을 엿볼 수 있다.

라스트 베어 해나 골드 글 | 레비 핀폴드 그림 | 이민희 옮김 | 창비교육 | 2022

에이프릴은 아빠를 따라 북극권 베어 아일랜드에 가게 된다. 그러던 어느 날, 바쁜 아빠 때문에 심심해진 에이프릴이 주변을 탐험하다가 야생 북극곰을 만난다. 고향을 그리워하는 멸종 위기 야생 북극곰은 자신을 돌봐주는 소녀와 교감하며 우정을 나눈다. 심각한 기후 위기를 함께 극복해야 한다는 시의성 있는 메시지를 전달하는 책이다.

충분히 슬퍼하고
천천히 이별해요

『기소영의 친구들』

정은주 글 | 해랑 그림
사계절 | 2022

"소영아, 높은 곳에서
우리 잘 지켜봐줘."

　어린이에게 어둡고 슬픈 이야기를 건네도 될까 고민할 때가 있습니다. 하지만 언제까지나 밝고 아름다운 동화만 읽을 수는 없어요. 무겁고 슬픈 이야기여도 잘 만나게 해주고 싶다는 생각이 들어요. 생로병사는 우리가 살면서 어쩔 수 없이 맞닥뜨리는 일이니까요. 아이들이 무겁고 아픈 이야기를 통해 타인의 고통에 공감하고, 나라면 어땠을까 생각해보는 과정을 경험하는 것은 중요합니다. 그것이 우리가 문학을 읽는 이유니까요.

『기소영의 친구들』은 친구의 죽음이라는 주제를 다룬 동화입니다. 같은 반 친구의 죽음에 관한 이야기를 직접적으로 내세운 책은 흔하지 않아요. 그래서 이 책이 더 의미 있게 다가옵니다. 소영이와 특별한 유대감을 느끼며 함께 지내던 '기소영 그룹'의 '채린'과 친구들은 교통사고로 '기소영'을 잃게 됩니다. 친구들은 갑자기 떠나간 소영이의 빈자리를 느끼며 슬퍼하지만 소영이의 부재에 대해 함께 이야기 나누고 애도하는 과정을 통해 상실감을 극복해갑니다.

죽은 소영이의 이야기를 하면서 아이들은 깨닫습니다. 소영이가 친구들을 연결해주던 존재였음을요. 소영이는 나리와 채린이가 싸울 때마다 말려주었고, 영진이와 같이 유기견 '브라우니'를 돌보기도 했어요. 1학기에 전학 온 '연화'를 따뜻하게 대해준 덕분에 다섯 명은 함께 어울려 지낼 수 있었지요. 그런 소영이의 죽음을 갑작스럽게 마주한 친구들은 당황스러움과 슬픔 사이에서 방황합니다. 소영이를 좋아해서 고백하려고 했던 호준이 또한 혼란스러워하지요.

작가는 아이들의 감정 변화를 과장 없이 보여줍니다. 남겨진 친구들은 소영이가 없는 날들을 보내면서 그동안 자신과 소영이 사이에 있었던 일을 하나씩 떠올려보게 돼요. 각자가 기억하는 소영의 모습을 함께 이야기하고 추억하면서 채린이와 친구들은 소영이가 어떤 아이였는지 더 잘 알게 됩니다. '느슨하고 끊어지려고 할 때 먼저 나서서 촘촘하게 이어주던 존재'였던 소영이는 죽고 나서도 친구들에게 그런 역할을 하고 있었어요. 제목이 '기소영과 친구들'이 아니라 '기소영의 친구들'인 이유를 알 것 같습니다.

어른들은 죽음과 고인에 대해 말하기를 피하고 시간이 지나면 괜찮아질 거라고 애써 외면합니다. 그렇지만 억지로 감정을 숨기고 눌러놓으면 다른 곳에서 불쑥불쑥 눈물로 새어 나올지 몰라요. 그러니 슬픈 일은 충분히 슬퍼하고, 이야기 나누고, 온전히 마주하는 시간이 필요합니다. 친구들은 애도의 방법을 의논하면서 소영이와 함께 있었던 추억을 떠올리고 편안하게 이야기합니다. 아이들이 소영이를 추억하고 추모하는 과정들이 억지스럽지 않고 자연스럽게 잘 드러나지요.

책을 읽고 나눈 이야기를 통해 아이들은 언젠가 경험할지도 모르는 가까운 이의 죽음에 대해서도 생각해보았습니다. 감상을 나누면서 6학년의 한 친구는 아이끼리도 친구를 추모할 수 있음을 인정해주는 것이 좋게 느껴졌다고 해요. 또 다른 친구는 자신도 다른 사람들에게 소영이처럼 좋은 사람으로 기억되고 싶다는 글을 쓰기도 했습니다.

이 이야기는 가까운 사람을 잃고 남겨진 사람들끼리 충분한 애도의 시간과 추억하는 마음을 가지는 것이 중요하다는 것을 알려줍니다. 책을 통해 우리 아이들이 이별과 죽음을 받아들이고 고인과 제대로 인사할 수 있는 방법을 함께 생각할 수 있다니 참 다행입니다. 기소영의 친구들도 언젠가 마음에서 소영이를 떠나보낼 때가 오겠지만 이렇게 말해주고 싶어요. "충분히 슬퍼하고 오래 기억해주세요. 이별은 좀 천천히 해도 괜찮으니까요."

 이런 점이 좋아요!

- 다른 이의 마음을 짐작해보고 슬픔과 고통에 대한 감수성을 기를 수 있어요.
- 친구의 죽음이라는 주제를 다루지만 아이들이 슬픔을 극복하는 과정이 건강해요.
- 친구들이 소영이와 나눈 추억을 떠올리며 이야기하는 자연스러운 애도의 과정이 특별해요.

 더 이야기 나눠봐요!

1. 기소영의 죽음에 대해 네 인물이 떠올린 감정으로 어떤 것들이 있나요?
2. 나는 주변 사람들에게 어떤 존재로 기억되고 싶은가요?
3. 책을 읽기 전과 읽은 후에 달라진 죽음에 대한 생각을 나눠보세요.

함께 읽으면 좋은 책

여름이 반짝 김수빈 글 | 김정은 그림 | 문학동네 | 2015

여름을 함께 보내던 친구들은 뜻밖의 사고로 친구 유하가 세상을 떠나자 7일마다 7시 7분이면 파란 지붕 집 담을 넘는다. 유하의 분신과도 같았던 목걸이의 흔적을 찾아다니며 아이들은 특별한 경험을 만들어간다. 목걸이를 찾고 친구의 죽음을 기리기 위한 세 아이의 비밀스러운 만남이 펼쳐진다.

모두 웃는 장례식 홍민정 글 | 오윤화 그림 | 별숲 | 2021

죽음을 앞둔 할머니가 생전 장례식을 치르자고 하자 자식들은 반대한다. 그러나 살아 있을 때 얼굴이라도 한 번 더 보고 밥이라도 한 끼 같이 먹는 잔치 같은 장례를 치르고 싶다는 할머니의 강력한 의지를 막을 수 없다. 자신의 삶을 아름답게 마무리하기 위한 선택과 장례식에 대한 새로운 생각을 보여주는 책이다.

기억 상자 조애너 롤랜드 글 | 테아 베이커 그림 | 신형건 옮김 | 보물창고 | 2023

사랑하는 사람의 죽음을 경험했을 때, 그 슬픔을 어떻게 극복하라고 알려줘야 할지 고민스럽다. 이별을 마냥 슬퍼하는 것보다 더 잘 기억할 수 있는 방법을 찾는 것은 어떨까. 상실을 겪은 아이들 각각의 '기억 상자'에 담긴 물건을 보며 함께 이야기 나누고 고인을 추억해보자.

길은 하나가 아니야. 다른 길을 가도 괜찮아!

『아테나와 아레스』

신현 글 | 조원희 그림
문학과지성사 | 2021

"네가 원하는 목표를 이루지 못했다고 너무 실망하지 마. 어쩌면 너의 길이 아닐 수도 있어. 더 좋은 길이 널 기다릴 수도 있고."

    별빛 가득한 밤, 초원 위에 말 두 마리가 서로 뺨을 포개고 있습니다. 이런 평화로운 모습이 담긴 표지와 달리 책을 펼치면 숨 막히는 경마가 시작됩니다. 말과 경마라는 다소 낯설고 새로운 소재로 눈길을 끄는 작품이지요.

『아테나와 아레스』에는 쌍둥이 소녀, '새나'와 '루나'가 나옵니다. 새나와 루나는 경마 기수인 부모님의 경기를 지켜보며 자라지요. 전설의 기수, 아빠 '마화랑'이 2천승을 거둔 그날, 엄마 '정하나' 기수는 말에서 떨어져 큰 상처를 입어요. 엄마가 재활을 위해 떠나자 해슬퍼하던 두 아이는 어린 경주마 아테나와 아레스를 만나고 큰 위로를 받습니다.

아레스는 평범한 갈색 말이지요. 같은 날 태어난 아테나에 비해 혈통도 외모도 뛰어나지 않아요. 외적 조건 때문에 아레스는 경마 시장에서 선택받지 못했고, 죽음의 문턱까지 다녀옵니다. 새나는 이런 아레스에게 마음이 갑니다. 새나의 꿈은 멋진 기수가 되어 경마 시합에서 일등을 하는 거예요. 새나는 매일 체력 단련실에서 구슬땀을 흘리지만, 쑥쑥 자라는 키와 늘어나는 몸무게 때문에 고민합니다. 그래서 경주마의 조건으로 평가받아야 했던 아레스의 처지를 더 안타까워합니다. 자신과 닮은 아레스를 응원하며 돌보지요.

새나는 아레스를 열심히 훈련하지만, 아레스는 경주마가 되기 위한 출발대 훈련도 싫고 경주로도 싫어합니다. 결국 아레스를 위한 다른 길을 찾아야 했죠. 새나는 노력해도 안 된다는 사실을 인정하는 용기를 냅니다. 아빠는 새나와 함께 아레스가 자유로움과 행복을 느끼며 좋아하는 달리기를 마음껏 할 수 있는 방법을 찾습니다. 새나와 아레스를 지켜보며 독자들은 우리가 가는 길이 정해진 경주로를 벗어난 길일지라도 괜찮다고 여길 거예요. 모두에게 길 하나만

놓여 있는 것은 아니니까요.

작가는 독자에게 지금까지 걸어온 너의 길은 이미 충분히 의미 있고, 특별하다는 말을 전합니다. 넓은 그 길을 남들이 몰라주더라도 힘차게 가라고 응원하지요. 노력해도 안 될 때는 인정하고 다른 길을 찾는 것도 큰 용기입니다. 어렵고 힘든 일을 쉽게 포기해버리라는 뜻은 아니에요. 아레스처럼 좁은 경주로보다는 넓은 들판을 사랑할 수도 있다고 말하는 것이죠. 세상에 정해진 길이나 꼭 가야만 하는 길은 없어요. 내게 꼭 맞는 길을 찾는 것이 중요합니다.

책을 읽고 난 상헌이는 축구 선수가 꿈이었지만 키 때문에 될 수 없다고 늘 속상해하던 자신에 대해 친구들 앞에서 당당히 말해요. "얘들아, 나는 키가 작아서 축구 선수의 꿈을 포기한 것이 아니야. 아레스처럼 나에게 맞는 또 다른 길을 찾는 중이야"라고 말이죠. 작품이 상헌이에게 큰 위로가 된 게 틀림없어요. 상헌이와 친구들에게 내기 히지 못하는 일에 관해서 실패했다고 이야기하지 않아요. 나에게 어울리는 새로운 길을 찾는, 성공을 향해 가는 과정이라고 말할 수 있습니다.

이야기 속에는 말과 교감하며 자신을 찾아가는 여러 인물이 나옵니다. 재능을 키워가며 꿈을 찾아가는 어린이 새나, 늘 자기 길이라고 생각했던 기수의 길에서 내려와 다른 길을 찾아야 하는 어른인 새나 엄마가 있습니다. 또 정해진 길이 싫어 마음 가는 대로 달리고 싶은 말 아레스도 있지요. 모두가 조금씩 다르지만 결국 내 길을 찾아가는 중입니다. 자신의 길을 찾는 모든 여정은 응원받아야 마땅합니다. 이 책은 어린이들이 성패에 너무 매몰되지 않도록 돕습니다. 다만 자신의 길을 찾아가면서 '현재'의 시간을 잘 살아낼 수 있도록 응원해주고, 아이들이 품고 있는 다양한 가능성을 활짝 열어주지요.

 이런 점이 좋아요!

- 인물이 추구하는 삶의 가치가 드러나 있어요.
- 말과 관련된 직업과 사람들의 삶이 자세히 담겨 있어요.
- 등장인물들의 의견이나 생각을 비교하며 읽는 재미가 있어요.

 더 이야기 나눠봐요!

1. 말들이 경주마가 되고 경주에서 우승하면 행복할까요?
2. 아레스와 엄마는 어떤 새로운 길을 가게 될까요?
3. 어렵고 힘들지만 노력해서 내가 이루고 싶은 것은 무엇인가요?

함께 읽으면 좋은 책

5번 레인 은소홀 글 | 노인경 그림 | 문학동네 | 2020

한강초 수영부 에이스로 인정받던 나루에게 갑자기 라이벌이 등장한다. 수영 선수로서 롤 모델이었던 언니는 다이빙으로 갑작스럽게 진로를 변경해서 나루에게 혼란을 준다. 여러 가지로 마음이 복잡해진 나루는 친구들과의 진정한 소통을 통해 고민을 해결해간다. 열세 살 수영부 아이들의 땀과 눈물, 친구, 사랑 이야기까지 담겨 있어 여러 고민 때문에 마음의 역동을 겪는 아이들에게 특히 추천하는 책이다.

막손이 두부 모세영 글 | 강전희 그림 | 비룡소 | 2023

막손이는 임진왜란 때 도공들과 함께 일본에 끌려온다. 그곳에서 돌아가신 아버지와의 약속을 지키기 위해, 외롭고 힘들지만 살아남으려고 애쓴다. 막손이는 호인 아재를 만나 함께 조선 두부를 만들게 된다. 뛰어난 솜씨로 만들어 낸 두부 때문에 위험에 처하게 되지만 국경을 넘은 우정으로 어려움을 헤치고 자유를 찾는다.

첩자가 된 아이

김남중 글 | 김주경 그림 | 전국초등사회과모임 감수 | 푸른숲주니어 | 2012

역사적인 해석과 평가가 엇갈리는 삼별초에 대한 가설을 중심으로 이야기가 전개된다. 전쟁 속에서 첩자가 될 수밖에 없었던 해남 소년 송진과 아버지를 지키기 위해 목숨을 바쳐야 했던 강화도 소녀 선유의 이야기이다. 첩자가 된 송진이 몽골군과 삼별초를 만나 여러 힘든 상황을 거치며 성장하는 과정을 통해 아이들은 평화의 소중함은 물론 우정의 중요성까지 느낄 수 있다.

세상을 향해 힘주어
내뱉는 어린이의 목소리

『친애하고 존경하는』
박성희 글 | 김소희 그림
위즈덤하우스 | 2023

"내 몸에 손대지 마!
손대지 말라고!"

    부모는 아이에게 좋은 것만 보여 주고, 좋은 것만 들려주고 싶습니다. 하지만 세상이 아름답고 평화롭기만 한 건 아닙니다. 혐오와 차별, 폭력 또한 분명히 존재하지요. 어른이 따로 일러주지 않아도 아이들은 여러 매체를 통해 세상을 알아갑니다. 세상의 어두운 면을 보면서 남모르게 두려움과 불안을 키우고 있을지도 몰라요. 고학년 아이들에게는 이런 문제에 대한 생각과 감정을 꺼내어 나누는 기회가 필요합니다.

『친애하고 존경하는』은 어린이를 위협하는 사회문제를 다룬 단편집입니다. 이런 주제는 마주보기 힘든 현실을 드러내기 마련이라 어린이에게 권해도 되나 걱정스러울 때가 있습니다. 이 책은 현실을 날것 그대로가 아니라 문학적으로, 상징과 비유를 알맞게 활용하여 다룹니다. 불필요한 자극은 주지 않으면서 머물고 오래 생각하게 하지요. 아이들에게 권하는 데 부담이 적습니다.

다섯 편의 작품에서 어린이가 보는 어른과 세상은 이렇습니다. 장학금을 주겠다며 어린이의 어려운 가정 형편을 증명하는 열두 장의 서류를 받고(「친애하고 존경하는」), 어린이 사이에 일어나는 일들을 제대로 알아보려 하지 않고(「끝까지 소리 내 읽었다」), 어린이에게 폭력을 행사하며(「공을 주웠다」「바세린 효과」), 소중한 사람들을 잘 챙기지 못해 외롭게 만듭니다(「옥탑정형외과」).

평범한 일상을 살아가는 어린이에게는 조금 낯설고 불편한 이야기일 수 있겠지요. 하지만 분명 우리 가까운 곳에서 함께 살아가는 이들의 모습이기도 합니다. 가정 폭력을 당하는 준성이도, 학교에서 따돌림을 경험했지만 새로운 우정을 싹틔우는 은수와 연수도 소중한 우리 친구이지요. '나는 아니니까' '나와는 상관없는 일이야' 하는 마음을 비워내고, '내 친구의 일이야' '내가 알아야 할 일이야' 하고 살피는 마음을 키웠으면 좋겠어요.

『친애하고 존경하는』에 실린 모든 이야기의 화자는 분명하게 '어린이'입니다. 어린이는 경제적으로 넉넉하지 않아도 행복할 수 있다고, 허례허식에 빠진 어른들이 놓치고 있는 '어린이'를 똑바로 보라고 말해요. 어린이를 위협하는 폭력에 맞서 "내 몸은 내 것이다" "어린이를 함부로 대하지 말라"고 외칩니다. 우리 사회가 미처 귀 기울이지 못한 여리고 다정한 어린이의 목소리를 들어보라고 합니다.

실제로 이 책을 읽은 6학년 어린이들은 "어린이도 문제를 다 알고 있고, 판단하고 있다는 걸 알아줘서 좋다. 어린이를 존중해줘서 좋다"는 평을 들려주었어요. '어린이니까 모를 거야' '아이들은 혼자 해결하지 못할 거야'라는 어른들의 생각이 틀렸다는 걸 보여줍니다. 어린이도 엄연히 우리 사회의 중요한 구성원이지요. 그렇기에 어린이의 생각을 편안하게 표현할 수 있는 자리가 많이 생기면 좋겠습니다.

우리 아이들은 언젠가 제힘으로 뚜벅뚜벅 걸어서 험한 세상으로 나아가겠지요. 그렇기에 『친애하고 존경하는』에 담긴 '어린이의 시선과 목소리'가 귀합니다. 분명 우리 아이 안에도 그것을 지닌 다부진 어린이가 존재할 테지요. 그런 어린이를 향한 믿음과 사랑이 작가의 시선에서 느껴집니다. 부당하고 억울한 일을 당했을 때, 겁내거나 움츠러들지 말고 용기 있게 제 목소리를 내라는 힘찬 응원도 들리네요.

이런 점이 좋아요!

- 여러 사회문제를 어린이 눈높이에서 정성껏 다뤄요.
- 어린이의 생각과 감정을 숨기지 않고, 단단하게 드러내요.
- 작품 속 인물의 입장이나 선택에 대해 의견을 나눌 수 있어요.

 더 이야기 나눠봐요!

1. 「친애하고 존경하는」 '친애하고 존경하는'으로 시작하는 나만의 편지를 써보아요. 한 가지 주제를 정해 세상 어른들에게 어린이의 목소리를 내어보아요.
2. 「공을 주웠다」 '공'이 나타내는 것은 무엇일까요?
3. 가장 기억에 남는 작품은 무엇인가요? 그 이유도 나눠보아요.

 함께 읽으면 좋은 책

네모 돼지 김태호 글 | 손령숙 그림 | 창비 | 2015

환경·동물에 대한 예리한 시선과 질문을 던지는 단편집이다. 동물의 시점에서 세상을 새롭고 낯설게 바라보는 이야기들은 흥미롭게 읽히면서도 묵직한 메시지를 전달한다. 주제 의식과 작품성이 뛰어나 고학년 아이들과 읽고 나누기 좋다. 하루 한 편씩 여럿이 이야기 나누면 작품에 대한 다양한 해석을 만들어가는 경험을 할 수 있다.

감추고 싶은 폴더 황지영 글 | 도아마 그림 | 노란상상 | 2022

어린이에게 말해주기 '불편한 진실'을 과감하게 풀어낸 단편집이다. 엄마와 살며 정상 가족에 대한 의문을 갖는 지율, 좋은 아파트에 살고 싶지만 너무 비싸 돌아서는 진희네 가족, 친구가 보낸 문자 링크를 잘못 눌러 디지털 범죄에 노출되는 나래 등을 통해 다양한 사회문제를 자연스럽게 다룬다.

갈림길 윤슬 글 | 양양 그림 | 웅진주니어 | 2023

세 편의 이야기 속 아이들은 가정 폭력, 알코올 중독 부모, 이혼·재혼 가정 등 남다른 사연을 가졌다. 작가는 이들의 사연을 불필요하게 파고들거나 이야기의 도구로만 쓰지 않는다. 아무에게도 말하지 못할 고민을 안은 아이들이 서로에게 한 걸음 다가가는 순간에 집중한다. 무관심과 관심, 회피와 직면의 갈림길에서 내린 아이들의 선택이 미덥고 고맙다.

고학년을 위한 동화 3

확장하는 책 읽기

비밀과 마법이 가득한 숲
그리고 아름다운 사랑

『산적의 딸 로냐』
아스트리드 린드그렌 글
일론 비클란드 그림
이진영 옮김 | 시공주니어 | 1999

"비르크,
네가 내 친구였으면 좋겠어."
"로냐, 그래. 넌 내 친구야."

　　아스트리드 린드그렌은 스웨덴의 유명한 동화 작가이자 사회활동가입니다. 전 세계 어린이가 사랑하는 『내 이름은 삐삐 롱스타킹』(잉리드 방 니만 그림, 햇살과나무꾼 옮김, 시공주니어, 2017)의 저자이기도 하지요. 그녀가 쓴 동화에는 자연 속에서 마음껏 놀이하며, 자신의 삶을 스스로 꾸려나가는 건강한 어린이가 등장합니다. 특히 『산적의 딸 로냐』는 작가가 말년에 쓴 작품으로, 작가로서의 역량을 가장 잘 발휘한 명작이란 평을 듣습니다.

산적 두목 '마티스'의 딸인 '로냐'가 사는 숲은 신비한 장소입니다. 봄, 여름, 가을, 겨울마다 다채로운 풍경을 보여주고 여우와 부엉이, 늑대, 곰, 달팽이, 거미를 품어 키우지요. 이에 더해 숲에는 북유럽 신화의 트롤이 연상되는 여러 기이한 괴물이 삽니다. 넓적한 엉덩이와 주름진 작은 얼굴을 가진 룸프니스, 아름답고 커다란 검은 독수리처럼 생긴 비트로나, 달빛을 받으면 춤추는 스쿰트롤 등이 숲을 매력적인 판타지 공간으로 만들어주지요.

이런 멋진 숲에서 자란 로냐는 혼자서 위험하고 아름다운 숲을 탐험하고, 스스로 자기 몸을 돌보는 법을 터득하지요. 작가는 로냐가 숲에서 보고, 듣고, 느끼는 것을 놀랍도록 생생하게 묘사합니다. 덕분에 위험하지만 아름다운 숲이 숨겨놓은 비밀과 마법에 독자도 흠뻑 빠져들지요. 로냐가 높은 곳에서 뛰어내리거나 숲의 요물에 홀려 끌려갈 때는 가슴이 철렁 내려앉기도 하면서요.

또 다른 산적 두목인 '보르카'의 아들 '비르크' 역시 숲이 키우는 아이예요. 숲에서 사는 방법을 아는 비르크는 로냐의 마음을 따스하게 헤아려줍니다. 로냐와 비르크의 만남은 로미오와 줄리엣을 떠올리게 해요. 둘은 서로를 깊이 아끼며 사랑하게 되지만 양쪽 부모는 사이가 무척 나쁘거든요. 하지만 다행히도 로냐와 비르크의 사랑과 이들을 향한 부모의 사랑이 두 산적 무리의 대립과 다툼을 평화와 연대로 바꿉니다. 두 산적 무리가 하나가 되고, 모두가 한데 어울려 살게 되지요.

린드그렌은 인간의 감정 변화를 섬세하게 포착하고 글로 담아내는 데 탁월한 능력을 갖고 있습니다. 로냐와 비르크가 서로를 미워하다가 점점 호감을 갖게 되는 과정이, 서로를 무척 아끼지만 문득 서운하고 화나는 순간이, 로냐가 자신의 뜻을 거스르자 큰 슬픔과 고통을 느끼는 마티스의 모습이 선명하게 그려질 정도로 섬세하게 썼어요. 고학년 어린이가 자신을 둘러싼 인간관계 안에서 느낄 법한 여러 감정을 책에서 살필 수 있습니다.

로냐와 비르크의 부모는 윗세대에게 배운 대로 빼앗고 싸우는 산적의 삶을 지켜갑니다. 하지만 아이들은 "산적이 되지 않겠다"고 선언하지요. 마지막에 로냐와 비르크는 집을 떠나 다시 숲으로 돌아갑니다. 이들이 부모와는 다른 새로운 삶을 개척하리라 기대하게 해요. 책을 읽다 보면 자연스레 두 어린이의 발걸음을 지지하게 되고, 미움과 폭력이 아니라 사랑과 평화 쪽으로 한 걸음 내딛고 싶은 마음이 생깁니다.

『산적의 딸 로냐』에는 자연과 깊이 교감하며 자라는 어린이, 친구와의 끈끈한 우정과 사랑을 키우는 어린이, 부모의 사랑을 듬뿍 받으며 자라서 이제는 자신의 길을 힘차게 찾아가는 어린이가 있어요. 그런 로냐와 비르크가 우리 아이에게 손을 내밉니다. "너도 우리 친구야" "좋은 어른으로 자라자"라는 말을 건네면서요. 어린이를 위하는 마음이 가득 느껴지는 책입니다. 아이의 인생 책을 모으는 책장이 있다면 가장 앞쪽에 꽂아주고 싶어요.

 이런 점이 좋아요!

- 계절의 변화, 인물의 심리 변화를 담아낸 멋진 문장이 가득해요.
- 인물 각자가 중요하게 생각하는 삶의 가치를 살펴볼 수 있어요.
- 이야기 구조가 탄탄해서 긴 호흡이지만 재미있게 술술 읽혀요.

 더 이야기 나눠봐요!

1. 나는 로냐와 어떤 점이 비슷하고, 어떤 점이 다른가요?
2. 로냐가 숲에서 겪은 일 중에서 나도 경험해보고 싶은 일은 무엇인가요?
3. 앞으로 로냐와 비르크는 어떤 어른으로 자라게 될까요?

 함께 읽으면 좋은 책

한밤중 톰의 정원에서
필리파 피어스 글 | 수잔 아인칙 그림 | 김석희 옮김 | 시공주니어 | 1999

이모네 집에서 지내게 된 톰은 밤에만 나타나는 신비한 정원을 발견한다. 톰은 아름다운 정원에서 또래 소녀 해티를 만나 자연 속을 뛰어다니며 우정을 키운다. 마침내 정원의 비밀이 밝혀질 때 따뜻한 감동이 밀려온다.

달빛 마신 소녀 켈리 반힐 지음 | 홍한별 옮김 | 양철북 | 2017

2017년 뉴베리 수상작으로, 달빛을 마셔 마법의 힘을 얻게 된 소녀 루나가 주인공이다. 루나는 마녀 잰의 무한한 사랑을 받고 자란다. 그녀는 오해와 편견을 이겨내고, 마을을 뒤덮은 슬픔과 두려움을 사라지게 한다. 마법과 사랑이 가득한, 신비롭고 아름다운 판타지다.

소년 탐정 칼레 1~3 아스트리드 린드그렌 지음 | 햇살과나무꾼 옮김 | 논장 | 2023

소년 탐정 칼레 시리즈는 『초대하지 않은 손님』 『위험에 빠진 에바로타』 『라스무손 박사의 비밀문서』로 총 세 권이다. 탐정이 되는 게 소원인 소년 칼레가 마을에 일어나는 의심스러운 사건들을 친구들과 함께 힘을 모아 해결한다. 짜릿한 모험의 세계가 생생하게 펼쳐지는 것은 물론 어린이의 용기와 재치가 듬뿍 담긴, 흥미진진한 추리 동화이다.

나만의 비단길을 찾아 떠나는 용기

『나는 비단길로 간다』

이현 글 | 백대승 그림
전국초등사회교과모임 감수
푸른숲주니어 | 2012

"길에서 사람을 만나고, 세상을 만나고, 새로운 나를 만나고 싶었다. 그렇게 아무도 가지 않은 길을 만들어가고 싶었다."

　역사 동화는 실제 있었던 역사적 사건을 배경으로 작가의 상상력이 더해진 이야기입니다. 인물들이 겪는 고난과 모험이 흥미진진하고 전개가 급박하지요. 손에 땀을 쥐게 하는 위기의 순간들을 따라가다 보면 역사적 사건에 몰입하게 되고 마치 이야기 속에 있는 것처럼 느껴집니다. 그동안 잘 몰랐거나 먼 이야기로 생각했던 역사를 이렇게 나와 가깝게 느끼도록 해주는 것이 역사 동화의 매력이에요.

『나는 비단길로 간다』는 이현 작가가 쓴 역사 동화입니다. 발해가 '해동성국'으로 번성하고, 장보고가 청해진에서 해상 무역을 활발하게 벌이던 때를 배경으로 펼쳐진 이야기예요. 작가는 탄탄한 필력으로 다른 시대에 비해 덜 알려진 발해를 생생하게 재현합니다. 발해를 중심으로 당나라, 일본뿐 아니라 사마르칸트까지 뻗은 광활한 교역의 길을 잘 그려냈어요.

주인공은 열세 살 여자아이 '홍라'입니다. 곱게만 자라던 홍라에게 갑자기 큰 불운이 닥쳐요. 유명한 상단의 대상주인 어머니가 풍랑으로 실종되고, 빌린 돈을 갚지 못하자 이자는 나날이 무섭게 불어납니다. 홍라는 어머니가 살아 돌아올 거라 믿으며 상단을 지키려고 애를 써요. 돈을 벌기 위해 떠나는 교역의 길에 호위무사 '친샤', 별을 볼 줄 아는 '월보', 감시자이자 동행인인 '쥬신타', 홍라 때문에 고아가 된 '비녕자'까지 함께하게 됩니다.

모험에는 위험과 고난이 따르기 마련입니다. 어쩔 수 없이 걷게 된 길 위에서 홍라는 온몸으로 위기를 겪어냅니다. 서투르고 미숙해서 사기를 당하기도 하고, 비녕자의 배신으로 월보를 잃는 끔찍한 일도 맞닥뜨리지요. 그동안 자기 앞에 놓인 문제와 돈벌이에 집착하느라 놓쳤던 주변 사람들의 입장을 그제야 헤아리게 됩니다. 그리고 자신이 저질렀던 잘못을 깨닫고 그 결과를 받아들이게 되지요. 남에게 기대기만 했던 홍라는 점점 단단해져갑니다.

홍라가 할 수 있는 최선은 주어진 고난과 상황을 헤쳐가며 살아내는 것이었어요. 그 과정에서 쥬신타와 나눈 대화를 통해 자기 마음을 냉정하게 들여다보고 알아차립니다. 홍라는 더 이상 물러날 곳이 없는 처지임을 깨닫자 재능과 수완을 발휘하기 시작해요. 아버지에게 가서 안락하게 사는 삶 대신 스스로 자기 길을 개척해나갑니다. 이 모든 것이 홍라가 떠난 길 위에서 이루어진 일입니다.

'나는 비단길로 간다'라는 제목에는 스스로 삶의 방향을 선택하겠다는 의지가 드러나요. 홍라는 이제 돈이 아니라 자신을 찾기 위한 길을 떠나기를 선택합니다. 더 넓은 세상과 그 끝을 보기 위한 여정에 올라요. 스스로 당당하게 길을 걸어가겠다는 홍라의 힘찬 발걸음과 선택에 응원의 박수를 보내고 싶어져요. 홍라의 길은 지금부디가 시작입니다.

고학년 아이들은 서서히 자기 진로에 관해 고민하기 시작해요. 내가 관심 있고 잘할 수 있는 것이 무엇인지, 나는 어떤 사람인지 알아보려는 노력이 필요한 시기입니다. 아이들은 다양한 성장 환경과 가치관을 가진 사람들과 관계 맺고, 낯선 장소에서 새로운 경험을 해보며 자신에 대해 알아가요. 모든 걸 직접 경험할 수 없다고 걱정할 필요는 없습니다. 책을 통해서도 넓은 세상과 많은 사람을 만날 수 있으니까요.

『나는 비단길로 간다』를 읽으며 아이들은 홍라를 따라 길을 떠나요. 그리고 갖가지 난관을 경험하는 홍라의 생각과 마음이 어떻게 자라는지 자세히 살피지요. 아이들은 그렇게 인물의 경험을 자기 것으로 생생하게 받아들입니다. 마침내 "나는 ○○○로 갈 거야"라며 자기만의 멋진 길을 그려내고요.

 이런 점이 좋아요!

- 잘 알려지지 않은 발해의 역사와 문화를 흥미롭게 보여줘요.
- 이야기의 공간적 배경이 발해와 그 주변국까지 넓게 확장되어요.
- 선택이 필요한 다양한 상황에서 등장인물들의 성격을 엿볼 수 있어요.

 더 이야기 나눠봐요!

1. 내가 홍라라면 상단을 넘기라는 요구에 어떤 선택을 할까요?
2. 무역을 떠나기 전과 후 홍라의 말과 행동, 생각이 어떻게 변화했는지 정리해 보세요.
3. 이야기의 마지막에서 홍라는 아버지를 따라가지 않기로 합니다. 홍라의 이런 선택을 어떻게 생각하나요?

함께 읽으면 좋은 책

서찰을 전하는 아이
한윤섭 글 | 백대승 그림 | 전국초등사회교과모임 감수 | 푸른숲주니어 | 2011

돌아가신 아버지 대신 중요한 서찰을 전하기 위해 홀로 길을 떠나게 된 열세 살 아이. 그 서찰은 동학 농민 운동의 중심인물인 전봉준에게 전해야 하는 중요한 내용인데 정작 아이는 글자를 모른다. 우여곡절 속에서 아이가 다양한 사람들을 만나며 서찰에 쓰인 글의 뜻을 알아가는 과정이 흥미롭게 전개된다.

열두 살의 임진왜란
황혜영 글 | 장선환 그림 | 아울북 | 2020

조선을 덮친 끔찍한 전쟁인 임진왜란에서 살아남은 열두 살 담이의 시선을 통해 당시의 끔찍한 상황을 생생하게 그리고 있다. 참혹한 전쟁 속에서 일상을 살아가는 사람들의 이야기를 잘 담아냈다. 임진왜란 전쟁 기록뿐 아니라, 사람들의 생활상을 세밀하게 기록한 책『쇄미록』을 바탕으로 썼다고 한다.

김란사, 왕의 비밀문서를 전하라!
황동진 글·그림 | 초록개구리 | 2019

김란사는 이화학당 교사로 지내며 여학생들에게 독립 정신을 불어넣어주었다. 유관순의 스승이기도 한 그녀는 고종의 밀사로 국제회의에 파견됐고, 교육의 힘을 깨닫고는 여성 교육에 헌신하였다. 그간 잘 알려지지 않았던 여성 독립운동가 김란사와 관련된 역사적 사실을 새롭게 알아가보자.

친구와 함께라면
어디서든 달릴 수 있어!

『지붕을 달리는 아이들』
캐서린 런델 지음 | 김진희 옮김
천개의바람 | 2015

"사람들은 모두 자신 속에
이상함을 가지고 있다고 생각해.
단지, 그것을 유지할 것인지
아닌지 결정할 뿐이야."

'영국 해협 한가운데를 떠다니던 첼로 상자 안에서 아기가 발견되었다.'

이야기의 시작부터 신비롭습니다. 침몰하는 배 안, 교향곡 악보에 싸인 한 아이가 기적적으로 살아납니다. 퀸 메리호의 또 다른 생존자 '찰스 맥심'은 그 '불꽃색 머리카락과 수줍은 미소를 띤' 여자아이를 안아 듭니다. 신사는 그 아기에게 한눈에 반해 자기가 기르겠다고 결심합니다. 아이 이름을 '소피'라고 짓지요. 자유분방한 성격에 책과 예술을 사랑하는 그의 밑에서 소피는 활달하고 당당한 아이로 자랍니다.

아동 보호국 직원 '엘리어트' 양은 도저히 그 둘을 이해하지 못합니다. 책과 음식이 마구 섞여 지저분한 찰스의 집을 본 그녀는 소피를 고아원에 보내려고 하지요. 그 때문에 소피와 찰스는 집을 떠나야 해요. 소피는 아기 때의 어렴풋한 기억과 첼로 가방 속 주소를 들고 엄마를 찾아 무작정 파리로 행선지를 정합니다. 찰스는 소피의 기억을 함부로 얕잡아보지 않고 함께 가줍니다. 장소가 파리로 바뀌면서 소피는 당당히 이야기의 중심에 섭니다.

이제 소피의 곁에는 지붕 위의 친구들이 자리합니다. 지붕을 자유자재로 뛰어다니고 엄지발가락에 힘을 꽉 주어 바닥으로 '탁' 하고 착지하는 그런 친구들이에요. 법원 지붕 위에 사는 '마테오', 나뭇가지 위에 선 '아나스타샤'와 '사피', 성당에서 음악을 이불 삼아 사는 '제라르'가 바로 지붕을 달리는 아이들이에요. 그들은 거친 세상을 자기 방식대로 '우연히 배우고 연습을 통해서' 치열하게 살아갑니다. 소피는 그 아이들에게 금세 매료됩니다. 아이들과 함께 엄마의 흔적을 찾아 지붕 위를 달립니다. 작은 가능성도 무시하지 말라는 찰스의 말에 큰 힘을 얻기도 하지요.

왜 지붕 위의 아이들은 안전하고 정착된 삶을 선택하지 않았을까요? 각자의 재능을 존중하고 돕는 친구들 때문이에요. 그들은 서로에 기대어 아슬아슬하게 균형을 잡으며 살아갑니다. 규율과 보호 명목으로 아이들을 가두고 속박하는 고아원에서는 절대 느끼지 못할 마음들이에요. 때론 부딪히고 떨어지는 아픔을 겪지만 아이들은 서로 끌어주고 밀어주며 그 생활에 만족합니다. 구속된 삶을 버리고 자유를 선택한 지붕 위의 아이들과 엄마를 찾아 나선 소피는 누구보다 강인합니다.

아이들의 발걸음을 따라가다 보면 묘한 해방감을 느낍니다. 어디론가 움직이고자 하는 원초적인 본능을 건드리는 문장이 가득하기 때문입니다. 거칠고 아슬아슬한 그들의 발걸음은 안온하고 평화롭게 책을 읽는 독자를 긴장시킵니다. 뒷이야기가 전혀 예상되지 않고 장소를 빠르게 이동하며 이야기가 진행되기 때문에 책 속에서 역동성을 느낄 수 있어요. 그렇게 멈출 수 없이 읽다가 마지막에야 "하아" 하고 안도의 숨을 쉬지요. 첼로 연주 소리가 가득한 지붕 위를 달리는 소피를 물끄러미 바라보는 찰스의 모습이 오래도록 마음에 남습니다.

이 작품은 우리를 현재에서 멀리 떨어진 독특하고 낯선 곳에 데려가줍니다. 파리의 지붕이라는 신비하고 매력적인 배경이 독자의 흥미를 유발합니다. 동화는 평소에 가지 못하는 곳을 마음껏 넘나들고 뛰어다니는 자유를 선사합니다. 움직임은 우리를 능동적으로 만듭니다. 하늘이 내 것인 양 지붕을 넘나드는 상상만 해도 가슴이 뜁니다. 어느 방향이든 한 걸음 내딛고 싶어질 만큼요.

온 하늘이 내 것인 양 힘차게 달리는 어린이들이 많아지면 좋겠어요. 방과 후 시간이 더 바빠 마음껏 달리고 놀기를 멈춘 어린이들에게 이 이야기를 권합니다. 교실, 집, 마을로 생활 장소가 한정된 아이들이 그 공간을 벗어나 좀 더 넓고 먼 곳을 종횡무진 다니는 동화가 많이 나오길 바랍니다. 우리는 가끔 먼 곳의 신비하고 낯선 사람 이야기를 읽으며 상상력을 키우고 기적을 믿게 되니까요.

이런 점이 좋아요!

- 역동적인 서사, 빠른 장면의 전환은 이야기 읽는 속도를 높여요.
- 어린이 주인공이 진정으로 원하는 것을 얻기 위해 노력하는 과정을 잘 담아냈어요.
- 어린이들이 자유자재로 뛰어놀 수 있는 넓은 공간을 선사해요.

더 이야기 나눠봐요!

1. 찰스와 소피는 어떤 공통점이 있을까요?
2. 찰스와 엘리어트는 소피의 육아 환경에 대해 서로 다른 견해를 가지고 있습니다. 어느 쪽에 더 공감하나요?
3. 소피가 엄마를 찾을 때까지 지붕 위 아이들의 다양한 도움이 있었습니다. 친구들이 어떤 도움을 주었나요?

함께 읽으면 좋은 책

어느 날, 정글 캐서린 런델 지음 | 백현주 옮김 | 천개의바람 | 2018

조종사의 심장마비로 비행기가 갑자기 아마존 정글에 추락한다. 살아남은 아이 넷이 정글 안에서 서로 의지하며 브라질 마나우스까지 가게 되는 험난한 여정을 담은 책이다. 생존을 걸고 함께 지내며 각자의 서사가 어떻게 그들을 연결하는지 보여주는, 캐서린 런델의 또 다른 작품이다.

남극곰 1~2 김남중 글 | 홍선주 그림 | 문학동네 | 2023

어느 날 사진작가인 엄마의 실종 소식을 듣고 북극으로 떠난 은우. 북극에 도착한 은우는 엄마를 찾아 나서는 과정에서 '남극곰 프로젝트'의 존재를 알게 되고, 이에 맞서 파란만장한 모험을 떠난다. 극지라는 낯선 공간에서 벌어지는 여러 사람과의 만남을 통해 은우는 더 이상 방관자가 아닌 주체적인 존재로 거듭난다. 낯선 장소, 예측 불가능한 사건들은 책을 읽는 내내 재미를 잃지 않게 해준다.

칠칠단의 비밀 방정환 글 | 김병하 그림 | 사계절 | 2016

방정환 선생님이 북극성이라는 필명으로 〈어린이〉라는 잡지에 연재한 추리 소설이다. 주인공 상호는 납치되어 팔려가는 누이를 구하기 위해 중국행 열차를 탄다. 거침없이 장소를 옮겨가며 범죄 조직을 소탕하고 가족의 비밀도 알아낸다. 각 장이 끝날 때마다 다음 이야기를 궁금하게 하는 연재 형식이 새롭다.

제5부

아이와 책 읽기, 궁금해요

책을 꼭 사서 읽어야 할까요?

어린이들이 책을 도서관에서 빌려 읽는 것과 직접 사서 읽는 것은 각각 장단점이 있습니다. 책을 직접 살지 도서관에서 빌릴지는 아이의 성향, 독서 시기, 책에 따라 달라집니다. 또, 어떤 방법이 좋은지는 아이의 상황과 우선순위에 따라 다를 수 있습니다.

지역 도서관 어린이실이나 어린이책 도서관은 서점보다 더 많은 어린이책을 보유하고 있습니다. 서점에 진열된 책은 비닐로 꽁꽁 감싸 미리 읽어볼 수 없는 경우가 많습니다. 책의 물성은 생각보다 독서에 큰 영향을 미칩니다. 도서관은 아이에게 여러 서가를 옮겨 다니며 다양한 책을 만날 기회를 줍니다. 어린이가 편하게 책장을 넘기고 책의 목차와 삽화를 살필 수 있지요. 어느 서가에서 생각지도 않은 멋진 책을 보물처럼 만날 확률도 높아집니다. 친구들이 어떤 책을 빌리는지 살필 기회도 있어요. 도서관은 어린이들이 가장 안전하고 편안하게 책을 만날 수 있는 공간입니다.

　유아기를 거쳐 저·중학년이 되면 다독기에 접어듭니다. 그림책이나 문고판 동화 읽기에 맛을 들인 아이라면 하루에도 십수 권의 책을 읽는 시기가 옵니다. 책장을 빠르게 넘기며 훑어 읽기도 하고 짧은 동화를 하루에 여러 권 읽기도 합니다. 좋아하는 분야도 계속 옮겨 다니며 오늘은 귀신 이야기, 내일은 과학 이야기에 몰입하기도 합니다. 그러나 아이가 관심 갖는 모든 책을 다 사야 한다면 비용적인 부담뿐 아니라 공간적 한계도 따를 것입니다. 어떤 아이는 한 번 읽은 책은 두 번 다시 보려고 하지 않습니다. 이럴 때 도서관을 잘 활용하면 비용적인 면에서도 절약할 수 있겠지요.

　만약 아이가 빌려 읽고 특별히 좋았다고 하는 동화가 있으면 책을 반납한 후에 새 책으로 사주면 좋습니다. 모든 책을 다 새로 사줄 필요는 없지만 이런 책은 내 책이 되면 더 좋아하며 읽겠지요. 아이들은 헌책보다 새 책을 선호하는 경향이 있습니다. 학급에서도 오래된 책보다는 새 책이 인기가 많습니다. 도서관에서 빌려 보는 경우 이름난 신간은 주로 대출 중인 경우가 많아 서점의 신간 코너에서 아이가 마음에 드는 책을 직접 고르도록 선택권을 주는 것도 좋습니다. 서점에서 아름답게 꾸며진 책장과 공간을 감상하다가 고른 한 권의 책을 두 팔에 꼭 안고 집으로 오는 경험을 선물해주세요.

　책을 구매하면 기간에 상관없이 반복해서 읽을 수 있는 장점이 있습니다. 좋은 동화는 여러 번 읽을수록 다양한 결로 읽힙니다. 읽을 때마다 마음에 남는 문장이 다르고 처음과 다르게 전혀 새롭게 읽히기도 하지요. 처음보다 더 깊게 읽을 수도 있어요. 한 아이는 『해리엇』(한윤섭 글, 서영아 그림, 문학동네, 2011)을 처음 읽었을 때 거기 나오는 동물들의 특징이 재미있다고 썼고, 두 번째 읽을 때는 해리엇이 모든 동물을 포용하는 부분이 감동적으로 읽혔다고 썼습니다. 이는 도서관에서 한 번 빌려 읽고 반납했다면 느끼지 못했을 독서 경험입니다.

고학년이 되면 이제 책장을 휙휙 넘기는 시기를 지나 한 페이지에 오래 머물며 깊게 읽어내는 시기가 옵니다. 이럴 때 아이에게 책을 사주면 아이는 멋진 문장에 밑줄을 긋거나 복잡한 인물 구도를 책에 메모하며 읽을 수 있지요. 시간의 제약 없이 천천히 작가의 생각과 내 생각을 비교하며 비판적으로 읽을 수도 있습니다. 또 살면서 어떤 갈등이나 문제에 부딪쳤을 때, 책 속의 주인공을 찾을 수도 있겠지요.

아이들이 조금이라도 관심을 보이는 책은 주저 없이 사주세요. "학교에서 선생님이 소개해준 책이에요" "친구들이 그러는데 이 책이 너무 재미있대요"라고 마음을 연 이야기는 이이에게 소중한 책이 될 거예요. 아이가 다양한 책을 더 많이 만날 수 있도록 어릴 적부터 아이와 함께 서점과 도서관을 자주 다녀야 합니다. 그런 기회가 많아질수록 아이는 책을 친숙하게 느끼고 책을 좋아하는 어른으로 성장할 것입니다.

학습만화도 많이 읽으면 도움 되지 않나요?

학부모 상담 때마다 아이의 독서에 관해 이야기를 나눕니다. 가정에서는 독서를 어떻게 하고 있는지, 평소 독서 습관은 어떤지, 부모가 아이 독서에 중점을 두고 있는 부분은 무엇인지 물어보지요. 이때 학부모가 자주 하는 이야기 중 하나가 "아이가 학습만화만 봐요"라는 것입니다.

학습만화는 주로 교육적인 내용을 쉽고 재미있는 만화 형식으로 담아 놓은 책입니다. 학습만화에 대해서는 사람마다 의견이 매우 분분합니다. 학습만화라도 책이니까 보는 게 낫다는 의견과 줄글 책이 아닌 학습만화만 많이 보는 것은 좋지 않다고 걱정하는 의견이 있습니다. 학습만화를 보는 것을 독서라고 인정하기에는 조금 무리가 있지만 무조건 못 읽게 하는 것도 바람직하지 않아요. 다만 아이의 책 읽기 비중이 학습만화 쪽으로 많이 기울어져 있다면 주의할 필요가 있습니다.

　글과 그림으로 이루어져 있다는 점에서 학습만화는 그림책과 비슷하게 여겨야 할까요? 그렇지 않습니다. 그림책은 함축된 언어로 표현되어 글이 적지만, 그림과 글이 서로를 보충해주어 내용을 종합적으로 파악할 수 있어요. 짧은 글이지만 정제미가 있고 시처럼 문장이 아름답습니다. 그림은 색감과 구성이 탁월해서 아이들의 감수성을 자극하고 상상력을 키워주지요.

　그런데 학습만화는 인물의 행동과 상황을 그림으로 너무 자세히 다 보여주어 아이들이 상상할 여지가 없습니다. 게다가 말풍선 안에 담긴 글은 입말체가 대부분입니다. 그것도 거의 줄임말이나 단순하게 표현된 대화에 머물러 있는 문장이 많아요. 이렇게 직관적이고 즉흥적으로 단순한 즐거움만 누리던 아이에게 어느 날 갑자기 줄글 책을 권하면 읽을까요? 애써서 읽어야 하는 줄글 책을 읽으라고 하면 잘 읽어내지 못할 확률이 높아요. 아마도 아이는 그림도 별로 없는 긴 글로 된 책장을 넘기며 지루함을 느낄 것입니다. 그런 점에서 학습만화에 치중된 독서 습관을 지닌 아이, 학습만화만 많이 보는 아이는 염려가 됩니다.

　학습만화도 내용, 수준, 완성도 면에서 종류가 다양합니다. 흥미 위주라 내용이 얕거나 단편적인 지식 습득을 위해 분량을 부풀려 시리즈로 만든 책들이 많아요. 아이가 사달라고 졸라서 사주면 금세 후루룩 읽어버리고 그다음 권을 또 사달라고 하기 일쑤지요. 가

법고 과장된 표현과 극적인 재미에 익숙해진 아이는 학습만화를 별 생각 없이 그냥 읽습니다. 굳이 생각할 필요가 없기 때문이지요. 얕은 지식만 흡수하는 단순 주입식 독서 형태가 될 수 있습니다.

줄글 책 독서에 익숙한 아이는 글을 읽고 잘 이해할 수 있으며 몰입 독서를 합니다. 긴 글의 호흡을 견디고 진입 장벽을 넘어 내용에 빠져드는 과정을 즐길 줄 알아요. 이런 아이들은 적극적이고 능동적인 독자로 성장하겠지요. 줄글 책을 읽으면서 어휘력이나 문장력이 자라고 읽는 동안 눈으로 맞춤법이나 띄어쓰기를 자연스럽게 익히게 됩니다. 문해력이 좋아지고 그것을 바탕으로 사고하는 능력이 발달하지요. 그렇게 쌓은 힘을 바탕으로 문학적 상징을 이해하고 스스로 이야기의 배경과 세계관을 그려나갈 수 있습니다.

평소에 줄글 책을 주로 읽다가 휴식의 개념으로 학습만화를 읽는 것은 괜찮습니다. 어려운 개념이나 지식에 관한 내용을 쉽고 재미있게 풀어놓은 학습만화가 도움이 될 때도 있어요. 찾아보면 학습만화 중에는 상식이나 어려운 개념을 잘 이해할 수 있게 신경 써서 만든 책도 있거든요. 학습만화에서 도움을 얻을 것은 얻고 적당히 즐겨 읽을 줄 아는 아이, 다시 줄글 책으로 돌아와 몰입하며 읽을 수 있는 아이라면 크게 걱정할 필요가 없습니다.

아이가 편독 없이 줄글 책을 즐겨 읽다가 가끔 휴식의 개념으로 학습만화를 읽는 정도라면 걱정하지 마세요. 그렇지만 대부분의 독서 시간에 학습만화만 읽는 아이라면 얕고 넓은 지식을 채우느라 머리만 크고 감성과 공감이 메마른 아이로 자라게 될지 모릅니다. 부모님이 관심을 가지고 아이가 읽고 있는 책의 종류와 수준, 내용을 잘 살펴보시면서 조절해주세요. 아이는 훌륭한 책을 만날 수 있는 기회를 많이 가져야 합니다. 좋은 책을 곁에 두고 꾸준히 읽는 평생 독자로 한발 한발 나아가야 하니까요.

두껍고 글밥 많은 책, 어떻게 읽어야 할까요?

아이에게 동화책을 권하면 책의 분량을 보고 지레 겁부터 먹습니다. 두꺼워서 재미가 없을 것 같다고 말하기도 합니다. 두껍고 글밥이 많은 책은 아이가 혼자서 읽기 어렵지요. 한 번에 쉽게 읽어낼 수 없기 때문에 아이에게 툭 던져주고 읽으라고 말할 수 있는 책이 아닙니다.

책이 두꺼워도 이야기의 재미에 빠져들어가면 분량의 두려움을 이겨낼 수 있어요. 우선 두껍고 글밥이 많은 책을 잘 읽어 낼 수 있도록 도와줄 안내자가 있으면 합니다. 아이에게 읽는 시간, 방법, 분량 등을 알려주고 함께 읽어줄 다정한 페이스메이커가 있으면 좋겠지요. 아이가 책 도입부에 대한 마음의 장벽을 낮출 수 있도록요.

매년 장편 동화를 여러 편 읽고 있는 우리 교실에서는 새로운 동화를 펼쳐 보기에 앞서 사전 활동에 공을 들입니다. 『아테나와 아레스』를 읽기 전에는 아이들과 함께 경마 장면을 영상으로 시청했어요. 아테나와 아레스가 그리스 신화 속에서 어떤 모습인지 살펴보기도 합니다. 아이가 책의 세상에 빠져들기 전에 작품의 인물과 배경, 사건에 대한 전체적인 지도를 함께 그려봅니다.

사전 활동을 마쳤다면, 첫 번째로 아이들이 시간을 정해 매일 책을 읽게 합니다. 두껍고 글밥이 많은 책은 이야기가 길고 내용이 촘촘해요. 읽었다 안 읽었다 하다 보면 이야기의 흐름을 놓쳐 계속 읽어나가기가 어렵지요. 매일 한 챕터씩 읽게 하거나 에피소드를 하나씩 읽을 수 있게 해주세요. 『5번 레인』을 읽을 때는 아침 시간 20분이 함께 읽는 시간이었습니다.

두 번째, 조금씩 읽도록 해주세요. 그림도 없고 글밥이 많은 책이기에 아이가 힘들어할 수 있습니다. 지나치게 많은 분량을 읽히지 않는 것이 좋아요. 『워터십 다운』을 읽을 때는 2주 동안 1부를 읽을 수 있도록 분량을 안내했어요. 총 4부로 이루어진 책을 2개월 동안 읽어나가게 했습니다.

세 번째, 오래 읽을 수 있도록 해주세요. 내용도 많고 두꺼운 책이니 단시간에 끝내겠다는 욕심을 버리세요. 동화책의 경우 그림책과 달리 분량이 긴 경우가 많아요. 시간을 들여 천천히 내용을 음미하면서 읽으면 좋겠지요. 두꺼운 『나니아 연대기』의 경우에는 총 일곱 편의 이야기를 한 학기 동안 아침마다 조금씩 천천히 읽어나가기도 했어요.

마지막으로 함께 이야기를 나누며 읽어주세요. 글밥이 많고 두꺼운 책의 경우는 읽는 과정에서 흐름을 정리해주어야 할 필요가 있습니다. 긴 이야기라 자칫하면 흐름을 놓칠 수 있기도 하니까요. 인물이 가진 특징이나 장소의 이동, 사건의 전개 과정을 아이와 함께 정리하면서 읽어갑니다. 이야기를 나누다 보면 이해가 되지 않았던 부분도 정리가 되지요. 아이가 두꺼운 책을 조금 더 쉽게 읽어낼 수 있어요.

두껍고 글밥이 많은 책을 읽어가는 것은 집을 짓는 과정과 같아요. 매일 조금씩 터를 닦고 튼튼한 집을 만들기 위해 오래오래 벽돌을 한 장 한 장 쌓듯이 읽어나가야 해요. 몰입해서 긴 시간 읽어보는 경험, 조금씩 매일의 힘으로 아이의 독서 단계가 한 단계 성장하게 됩니다. 이 같은 독서 경험은 '난 이렇게 두꺼운 책도 읽어낸 사람이야!' 하고 아이의 자존감을 높여줍니다.

원작 읽기와 영화 보기, 어느 것부터 하는 게 좋을까요?

〈해리포터〉나 〈반지의 제왕〉은 판타지의 절정을 보여주는 소설이 원작입니다. 원작을 바탕으로 만들어진 영화는 많습니다. 〈이상한 나라의 앨리스〉〈오즈의 마법사〉〈마틸다〉〈찰리와 초콜릿 공장〉, 아스트리드 린드그렌이 쓴 삐삐 시리즈도 〈말괄량이 삐삐〉라는 영화로 만들어져 많은 사랑을 받았습니다. 가끔 영화를 먼저 보는 게 좋은지, 원작을 먼저 보는 게 좋은지 질문하는 분들이 있어요. 각각의 장단점이 있으므로 무엇이 더 좋다고 단언할 수는 없지만 살펴보고 아이에게 더 잘 맞는 방법을 선택하시면 됩니다.

원작을 먼저 읽는 경우를 생각해보면 우리는 책을 읽는 동안 장면과 인물, 상황을 내 머릿속에서 그리면서 나름의 이미지로 상상하며 읽어요. 그래서 자신이 상상했던 부분들이 영화에서 어떻게 표현되었는지, 원작의 특성을 잘 구현했는지를 생각하면서 보게 됩니다. 영화를 감상하면서 책을 통해 만났던 인물, 사건, 배경을 비교해보는 재미도 있어요. 『해리포터와 마법사의 돌』(J. K. 롤링 지음, 강동혁 옮김, 문학수첩, 2019)을 읽고 영화를 보았을 때 스크린에 펼쳐진 장면들은 그야말로 놀라웠습니다. 마치 상상이 현실이 된 듯 상상의 영역에 머물러 있던 것들을 생생하게 보여주는 것이 영화의 장점입니다.

그런데 방대한 분량의 묘사를 영화의 장면으로 표현하려면 많은 부분이 생략될 수도 있어요. 모든 것을 다 담아낼 수 없다는 점이 아쉬운 면이기도 합니다. 원작에서는 등장인물의 복잡하고 섬세하게 표현된 감정 묘사나 심리 변화가 독자의 마음을 사로잡아요. 그런데 영화 특성상, 영화의 표현은 한두 컷의 짧은 장면으로 나타났다가 끝나버릴 수밖에 없지요. 정리하자면 책을 읽으며 자기가 상상했던 것과 비슷하면 만족감을 느끼기도 하고 아닌 경우에는 역시 원작이 더 나았다는 생각에 실망하기도 할 것입니다.

책을 안 읽는 아이들에게는 잘 만들어진 영화를 먼저 보여주면서 반응을 살펴보세요. 영화를 재미있게 보았다면 책으로 된 원작이 있다는 것을 알려주세요. 원작에서만 드러나는 장점을 설명해주고 아이가 관심을 보이면 그 책을 읽도록 권하는 것도 방법입니다. 영화를 볼 때 또 생각해야 할 것이 있어요. 영화에는 원작에 대한 감독의 해석이 들어갈 수밖에 없다는 것이에요. 감독은 원작을 그대로 살리기도 하고, 조금 변주하거나 전혀 다른 버전으로 각색하기도 합니다. 우리는 감독의 해석에 동의할 수도 있고 동의하지 않을 수도 있어요.

책보다 영화를 먼저 본 경우에는 영상으로 본 주인공과 등장인물, 배경 등의 이미지가 강렬하게 자리 잡아요. 그래서 책으로 읽었을 때 이전에 보았던 이미지들이 저절로 떠올라 글을 읽는 내내 상상의 여지는 거의 없고 이미지의 영향을 받을 확률이 높습니다. 그런데 어떤 작품은 영화의 이미지 덕분에 원작에 대한 이해가 더 풍부해지기도 합니다. 『나니아 연대기』 같은 책은 분량이 많은 데다 긴 서사나 복잡한 인물 관계 등을 파악하기 쉽지 않아요. 그래서 영화를 먼저 보는 것이 내용을 이해하는 데 도움이 돼요. 책 읽기를 힘들어하거나 문해력, 상상력이 부족한 아이들은 영화를 먼저 보면 책을 더욱 입체적으로 읽고 이해하게 된다는 장점이 있습니다.

역시 두꺼운 책이긴 하지만 『워터십 다운』은 오히려 아이들이 영화에 실망했다는 이야기를 합니다. 자신이 머릿속에 그린 광활한 배경과 토끼들의 모습이 상상한 것에 미치지 못해서 책으로 읽은 것이 훨씬 좋았다고 해요. 이렇게 각각의 방법마다 장단점이 있으니 책과 아이들의 특성을 잘 파악해서 적용해보세요. 놀라운 사실은 능숙한 독자가 되어갈수록 점점 아이들 스스로 상상하는 재미를 느끼며 원작을 읽는 기쁨을 먼저 누리려고 하는 것을 볼 수 있다는 점입니다.

어린이들이 작품의 감동을 더욱 입체적이고 풍부하게 느낄 수 있으면 좋겠습니다. 명작은 책으로 읽었을 때 느끼는 문학 작품의 묘미가 있고, 영화로 표현되었을 때의 시각적 풍부함이 있습니다. 그러니 기회가 된다면 독자로서의 기쁨과 관객으로서의 즐거움 모두를 누릴 수 있도록 해주세요. 두 가지 방법을 모두 실천하며 어떤 것이 더 좋은지 비교해보고 아이와 이야기도 나눠보세요. 아이마다 각자가 선호하는 방법을 찾아가게 될 것입니다.

책 안 읽는 아이 어떻게 하나요?

　새 학기 첫날에는 주로 자기소개를 하지요. 이때 최근 읽은 책 중에서 가장 기억에 남는 책을 소개하기도 하는데요. 아이들은 자기소개보다 책 소개를 더 힘들어합니다. 올해 6학년 아이들은 대부분 4학년 때 온작품읽기로 수업 시간에 읽었던 『푸른 사자 와니니』(이현 글, 오윤화 그림, 창비, 2015)를 선택했어요. 스스로 읽은 책을 소개하는 아이는 한두 명뿐이었습니다.

　아이가 책을 읽지 않는 데는 여러 이유가 있겠지요. 우선 제대로 된 독서 경험을 해보지 못해 읽기 능력을 키우지 못한 경우가 있어요. 아이는 책 읽는 방법을 알지 못하고, 혼자 책 읽는 걸 어려워합니다. 어떤 아이는 공부하느라 책을 읽지 못한다고 해요. 책을 좋아하지만 읽을 시간이 없다는 겁니다. 더군다나 요즘은 책보다 재미있고 자극적인 영상과 매체가 넘쳐나요. 안타깝지만 아이들은 점점 책에서 멀어집니다. 그렇다면 책 안 읽는 우리 아이, 어떻게 다시 책으로 돌아오게 도울 수 있을까요?

읽기 수준이 낮은 학생의 경우는 자기 학년 단계의 책이 버거울 수 있습니다. 아이는 글의 분량이나 정보량, 또 책 속에 담긴 논리를 이해하는 것이 힘들어요. 이럴 때는 아이의 읽기 수준보다 낮은 단계의 책을 많이 읽을 수 있도록 해주세요. 이야기의 맥락을 쉽게 이해할 수 있고 책 속 세계가 아이의 머릿속에 쉽게 정리되겠지요. 책 읽기에 대한 성취 경험이 여러 번 쌓일수록 아이는 책과 다시 가까워질 가능성이 높아집니다.

부모가 아이에게 책을 읽어주는 것도 좋아요. 아기 때처럼 책을 읽어주세요. 듣기는 혼자 읽기보다 쉽습니다. 자신의 읽기 단계를 넘어서는 다음 단계의 책을 읽어낼 수 있지요. 이야기를 듣는 것은 아이나 어른 모두 좋아합니다. 읽어주는 책을 한 번에 다 듣지 못한 경우에 아이는 어떤 이야기가 이어질까 궁금해하지요. 아이는 이야기를 듣는 즐거움과 다음 이야기에 대한 기대감을 키우며 책을 계속 읽어갑니다.

오늘날 읽기의 방법은 다양해지고 있습니다. 종이책 읽기를 힘들어하는 어린이의 경우에는 전자책이나 오디오북을 이용해보세요. 전자책의 경우에는 글자의 크기를 조절하거나 줄 간격을 조절하여 읽기를 돕지요. 오디오북의 경우에는 실감 나는 낭독으로 어린이의 흥미와 집중을 끌어낼 수 있어요. 책 읽기에 흥미를 북돋는 방법으로 이용해볼 수 있습니다. 아이가 익숙하게 사용하는 스마트 기기를 이용해보는 것도 좋습니다.

뭐든 혼자보다는 둘이, 둘보다는 셋이 하면 힘이 나죠. 책 읽기에도 친구가 있으면 좋겠습니다. 친구와 함께하는 것은 뭐든지 즐겁게 하는 아이들이 많아요. 같은 책을 친구와 함께 읽고 이야기를 나누어보는 것도 색다른 경험이 됩니다. 가족이 함께 책 읽는 시간을 만들어보는 것도 좋아요. 엄마가 아이에게, 아이가 부모에게 책 친구가 되어주는 것이죠. 여럿이 함께 책을 읽을 때는 스마트폰이나 다른 영상물에 방해받지 않도록 규칙을 정하면 좋습니다. 온전히 책을 즐길 수 있도록 도와주세요.

아이가 책에서 멀어진 이유가 다양하듯이 책과 가까워지는 방법도 다양합니다. 책을 안 읽는다는 공통점은 있지만 그 해결법은 상황에 따라 달라지겠지요. 지금까지 소개한 방법들은 만능 처방전이 아닙니다. 먼저 우리 아이의 책 읽기 수준을 살펴주세요. 내 아이에게 가장 맞는 방법을 찾아주세요. 아이와 함께 찾아가다 보면 어느새 우리 아이가 스스로 좋아하는 책을 찾아 행복하게 읽고 있을 겁니다.

부록1 - 선생님이 아끼는 동화

고전 동화가 주는 위로

김진향 선생님

초등학생 시절, 집에 책이 많은 친구가 제일 부러웠어요. 저는 햇빛 잘 드는 계단에 앉아서 책을 읽거나 방 안에서 뒹굴거리며 책 읽기를 좋아하던 아이였습니다. 책을 읽는 동안 상상 속에 빠져 마치 주인공이 된 것처럼 울고 웃으며 지낸 그때의 시간들이 나의 문학적 감수성을 키워주었지요. 지금도 내 안에는 감성이 풍부한 소녀가 살고 있는데, 좋은 동화를 읽을 때면 그 소녀를 다시 만나게 됩니다. 가끔 힘들고 지칠 때 책장을 펼치면 이야기의 힘으로 위로받게 되는 아끼는 책 세 권을 소개합니다.

빨간 머리 앤

루시 모드 몽고메리 글 | 조디 리 그림 | 김경미 옮김 | 시공주니어 | 2019

농장 일을 거들 남자아이를 구하던 '매튜'와 '마릴라' 남매의 초록 지붕 집에, 우연한 사정으로 고아인 빨간 머리 '앤'이 오게 되었어요. 주근깨투성이에 빼빼 마른 소녀를 보고 마릴라 아주머니는 앤을 돌려보내려 했지요. 그렇지만 감성이 풍부하고 말이 많은 사랑스러운 소녀에게 마음을 뺏긴 매튜 아저씨 덕분에 앤은 이들과 함께 살게 돼요. 초록 지붕 집과 아름다운 자연 묘사가 탁월하고, 세 사람이 가족이 되어가는 특별한 이야기예요. 빨간 머리 앤은 제가 가장 사랑하는 주인공이자 닮고 싶은 인물이기도 해요.

작은 아씨들
루이자 메이 올콧 글 | S. 반 아베 그림 | 공경희 옮김 | 시공주니어 | 2007

자매가 없어서 그런지 자매들의 이야기를 읽으면 늘 부러웠어요. 『작은 아씨들』은 각기 다른 매력을 가진 네 자매가 우애를 다지며 자라는 모습과 가족 간의 사랑이 참 따듯한 이야기입니다. 넷 중 가장 당차고 독립적인 '조'는 많은 이에게 사랑받는 캐릭터입니다. 실제로 작가도 네 자매 중 둘째였고 글쓰기를 좋아했어요. 여성의 인권이 보장받지 못했던 그 시절에 주체적이고 당당하게 자신의 꿈과 사랑을 외치는 조의 매력에 한번 빠지면 헤어나오기 힘듭니다.

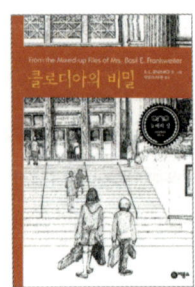

클로디아의 비밀
E. L. 코닉스버그 글·그림 | 햇살과나무꾼 옮김 | 비룡소 | 2000

사남매 중 맏이이자 유일한 딸인 '클로디아'는 세 남동생 때문에 엄마 아빠에게 차별받는다고 느끼고 불만이 가득해요. 그래서 집을 나가기로 결심하지요. 영리한 클로디아는 용돈을 두둑이 갖고 있는 남동생 제이미를 설득해 함께 집을 나가요. 메트로폴리탄 미술관을 가출 장소로 정한 이 기상천외한 남매의 매력에 반하지 않을 수 없습니다. 두 아이가 미술관에 새롭게 전시된 조각상이 미켈란젤로의 작품인지 아닌지를 밝히기 위해 활약하는 모습이 아주 흥미진진해요.

김현정 선생님

낯선 세계가 주는
짜릿함, 장르 동화

　장르 동화는 추리, 호러, 판타지, SF와 같은 장르 자체의 문법이나 법칙이 이야기를 이끌어나가 읽는 재미가 좋아요. 겁이 많아 공포 영화를 보지 못하지만 책 속에 작가가 펼쳐낸 무서운 이야기는 덮었다 펼쳤다 하며 읽어내지요. SF 동화를 읽으면서는 주인공과 함께 시공간의 경계 없이 모험을 떠나는 어린이가 되기도 해요. 옛이야기도 문학 장르로 보는 의견이 있는데요. 할머니가 해주시던 옛이야기를 듣는 것처럼 작가가 풀어놓은 익숙한 듯 다른 우리 이야기가 담긴 동화를 읽는 것도 좋아합니다. 색다른 빛깔과 결로 쓰인 장르 동화를 읽는 경험은 읽기의 또 다른 즐거움이지요.

귀서각
보린 글 | 오정택 그림 | 문학동네 | 2011

　『귀서각』의 주인공 '구오'는 말더듬이에 책이라면 지긋지긋한 헌책방 집 손자입니다. 책이 구오네 가족을 불행하게 만들었다고 생각하지요. 그런 구오가 책방 손님을 따라서 귀신들의 책방인 귀서각에 가게 돼요. 귀신들에게 책을 읽어주는 책 선생이 되어 맨발 소녀 '재이'와 여러 귀신을 만나며 하룻밤 모험을 하게 되지요. 우리 옛이야기 속의 갖가지

캐럭터와 모티프를 가져와 새로움 모습으로 생명을 불어넣은 동화입니다. 익숙한 이야기들이 곳곳에 숨어 있어 읽기에 익숙하지 않은 어린이도 쉽게 재미를 찾을 수 있어요.

나무가 된 아이
남유하 글 | 황수빈 그림 | 사계절 | 2021

『나무가 된 아이』는 여섯 편의 단편으로 구성된 판타지 동화집입니다. 「온쪽이」는 세상이 말하는 온전함이란 무엇인가에 대해 생각해보게 해요. 반쪽이 세상에서는 온쪽이는 이름에 어울리지 않게 온전하지 못한 존재이지요. '반쪽이'라는 옛이야기 속 캐릭터를 가져와서 반쪽이가 스스로의 존재를 세상에 증명하기 위해 노력했던 이야기를 비틀어 이야기해요. 「나무가 된 아이」는 평범한 생활과 생각을 뛰어넘는 이야기로 울림을 줍니다.

비누 인간
방미진 글 | 조원희 그림 | 위즈덤하우스 | 2020

알 일지 못하는 존재에 대한 막연한 두려움이 기저오는 혐오와 차별이 우리의 현실과 맞닿아 있는 동화라 느껴져 더 무서웠어요. 『비누 인간』을 읽는 내내 '상남이'와 함께 새 친구에 대한 호기심과 경계심 사이에서 마음이 요동쳤습니다. 작품의 끝에서 상남이가 숲속에 뿌려놓은 작은 씨앗을 통해 모두가 어울려 살아가는 세상을 생각하며 희망을 보기도 했지요.

한 작가의 세계를 깊게 알아가는 전작 읽기

나윤주 선생님

　읽은 동화가 마음에 들면 그 작가의 모든 작품을 읽는 걸 좋아해요. 전작을 다 읽고 나면 작가와 일면식도 없지만 왠지 연결된 느낌이 들어요. 작가의 문체, 다루는 주제, 작품 속 인물에는 작가 자체가 고스란히 담겨 있기 때문이에요. 케이트 디카밀로는 제가 가장 좋아하는 작가입니다. 그녀의 매혹적인 문장을 읽고 한눈에 반했지요. 그녀는 매일 두 장의 글을 쓰고 그중 절반만 남기며, 한 달 동안 모은 문장 중 다시 네 장 정도의 분량만 남기고 다시 쓴대요. 그 후에도 글 고쳐 쓰기는 계속된다고 해요. 그래서인지 그녀의 문장은 묵직하지만 쉽고, 아름답지만 재미있어요.

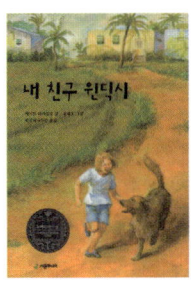

내 친구 윈딕시

케이트 디카밀로 글 | 송재호 그림 | 햇살과나무꾼 옮김 | 시공주니어 | 2019

11살 여자아이 '오팔'은 어릴 적 엄마가 떠나고 아빠와 살아요. 거북이 등껍질 속에 자주 들어가 있는 듯한 아빠는 오팔을 더 외롭게 만들지요. 이 이야기에서 아빠는 오팔의 보호막이 되어주지 못해요. 어느 날 오팔은 슈퍼에 심부름을 갔다가 '윈딕시'라는 개를 데리고 오고, 윈딕시를 돌보면서 스스로 자기 안의 힘을 발견해나가요. 실제로 디카밀로는 아빠가 떠난 뒤, 도서관에서 다양한 이야기를 만나며 외로움을 달래고 위로받았다고 해요.

생쥐 기사 데스페로

케이트 디카밀로 글 | 티모시 바질 에링 그림 | 김경미 옮김 | 비룡소 | 2004

크리스마스에 읽기 딱 좋은 동화입니다. 생쥐 '데스페로'는 다른 생쥐들에게 늘 웃음거리였지요. 그러나 다른 생쥐와 다르게 음악과 이야기를 사랑하고 언젠가 멋진 기사가 되어 공주를 사랑하게 될 거라 믿어요. 왕국에서 수프 끓이기를 금지하는 사건이 시작되지만 따뜻한 음식의 힘이 문제를 푸는 열쇠가 되지요. 각기 다른 듯한 네 이야기가 마지막에 하나의 큰 이야기로 합쳐지는 구성이 재미납니다.

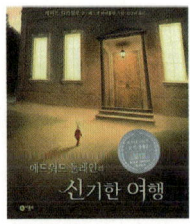

에드워드 툴레인의 신기한 여행

케이트 디카밀로 글 | 배그램 이바툴린 그림 | 김경미 옮김 | 비룡소 | 2009

'에드워드'는 차가운 마음을 가진 도자기 토끼 인형으로, 이 집 소녀 '애비린'에게 사랑을 받을 줄만 알았지 주는 방법은 알지 못했어요. 오만한 에드워드는 배를 타고 가다가 바다에 빠지고 맙니다. 작가는 에드워드가 긴 여행을 통해 진짜 사랑을 알아가는 과정을 시처럼 아름다운 문장에 담아냈어요. 인생의 지혜는 단숨에 배우지 못하는 것이며 때로는 그것을 찾아 여러 사람을 만나고 힘든 일을 겪는 모험이 필요하다고 작가는 말하고 있어요.

경계와 한계를 넘는 벽돌책 읽기

박미정 선생님

　벽돌책은 대부분 700~1,000쪽 내외의 분량으로, 긴 호흡의 이야기가 담긴 책입니다. 두께도 무게도 일반 책의 서너 배에 달하지요. 이야기는 작은 공간, 일상적인 일에서 출발하여 점점 크고 넓은 세계로, 깊고 풍성한 사유로 확장됩니다. 읽을 때마다 '언제 읽지?' 싶지만 일단 도입부를 읽으면 금세 책 속 세계로 훅하고 빨려 들어가지요. 한두 달에 걸쳐 다 읽고 나면, 거대한 세계를 여행한 나 자신이 무척 자랑스럽게 느껴집니다. 한두 권짜리 단행본에서 맛볼 수 없는 특별한 독서 경험이지요.

워터십 다운
리처드 애덤스 지음 | 햇살과나무꾼 옮김 | 사계절 | 2019

평화롭던 토끼 마을에 큰 위험이 닥칩니다. 위험을 예견한 토끼들은 새로운 정착지를 찾아 길을 떠나는데요. 토끼의 생태와 습성을 그대로 반영한 이야기라 마치 내가 토끼가 된 것처럼 생각하고 느끼는 경험을 선사합니다. 예언가 '파이버', 현명한 리더 '헤이즐', 이야기꾼 '댄더라이언', 정의로운 '빅윅' 등 개성이 분명한 인물들이 등장해요. 생존을 건 숨 막히는 모험이 이어져 책장을 빠르게 넘기게 됩니다. 이에 더해 인물 간의 갈등과 화합을 통해 인간관계, 인간 사회의 문제를 깊게 성찰할 수 있어요.

나니아 연대기

C. S. 루이스 글 | 폴린 베인즈 그림 | 햇살과나무꾼 옮김 | 시공주니어 | 2023

말이 필요 없는, 세계 3대 판타지 중 하나! 옷장 너머에 현실과 다른 시간의 흐름을 갖는 세계, 나니아가 존재합니다. 어린이 '루시' '수잔' '피터' '에드먼드'는 나니아 세계를 발견하고, 신비한 인물과 극적인 사건을 겪으며 성장하지요. 나니아의 창조부터 멸망까지를 긴 호흡으로 좇으며, 숲, 사막, 바다 등 넓은 공간을 오가는 모험을 선물하는 책이에요. 책 속에서는 어른이 되면 더는 나니아에 갈 수 없어요. 독자는 책만 펼치면 언제든 나니아로 갈 수 있으니 기쁩니다.

끝없는 이야기

미하엘 엔데 글 | 로즈비타 콰드플리크 그림 | 허수경 옮김 | 비룡소 | 2003

미하엘 엔데를 『모모』로만 기억한다면 아쉬워요. 이 책을 읽어 본 사람이라면 기꺼이 엔데의 작품 중 최고라고 할 겁니다. 환상세계를 글로 생생하게 구현해내는 작가의 능력에 감탄이 나와요. 학교 창고에 홀로 숨어든 '바스티안'이 『끝없는 이야기』라는 책을 읽으며, 이야기의 주인공이 되어갑니다. 모험을 통해 바스티안이 변화하는 과정을 보며 공감하고, 현실과 환상의 관계에 대한 작가의 통찰에 놀라며, 예측 불가능하게 확장되는 환상세계에 경이로움을 느끼게 되어요.

부록2 - 학년별 추천 도서 목록

단계별 눈높이에 맞춰 소개하는 놓치기 아까운 책

저학년

공룡 도시락 재클린 윌슨 글 | 닉 샤렛 그림 | 지혜연 옮김 | 시공주니어 | 2003

구덩이에 빠졌어! 김미애 글 | 다나 그림 | 바람의아이들 | 2023

기상천외한 의사 당통 김기정 글 | 윤예지 그림 | 북멘토 | 2023

내 얼룩무늬 못 봤니? 선안나 글 | 이형진 그림 | 미세기 | 2013

달 도둑 두두 씨 이야기 윤경 글 | 김명 그림 | 웅진주니어 | 2023

딱새의 복수 이상권 글 | 김유대 그림 | 시공주니어 | 2016

뛰어라, 점프! 하신하 글 | 안은진 그림 | 논장 | 2014

망나니 공주처럼 이금이 글 | 고정순 그림 | 사계절 | 2019

멍청한 두덕 씨와 왕도둑 김기정 글 | 허구 그림 | 미세기 | 2022

부엉이 탑 에르빈 모저 글·그림 | 이미화 옮김 | 온누리 | 2007

선생님도 한번 봐 봐요 이숙현 글 | 김무연 그림 | 우리교육 | 2015

스티커 토끼 가브리엘라 케셀만 글 | 테레사 노보아 그림 | 김영주 옮김 | 책속물고기 | 2011

신기한 인터넷 수지 모건스턴 글 | 김령언 그림 | 김주열 옮김 | 사계절 | 2012

신비 아이스크림 가게 김원아 글 | 김무연 그림 | 주니어김영사 | 2021

애완동물 키우기 대작전 김리리 글 | 조승연 그림 | 다림 | 2014

어쩌다 독서 배틀 공수경 글 | 심보영 그림 | 다림 | 2021

엄마 귓속에 젤리 이수용 글 | 최보윤 그림 | 우리학교 | 2021

에밀의 325번째 말썽 아스트리드 린드그렌 글 | 비에른 베리 그림 | 햇살과나무꾼 옮김 | 논장 | 2018

열 살 서유동 정하섭 글 | 권송이 그림 | 우주나무 | 2023

쿵푸 아니고 똥푸 차영아 글 | 한지선 그림 | 문학동네 | 2017

토드 선장과 우주 해적 제인 욜런 글 | 브루스 디건 그림 | 박향주 옮김 | 시공주니어 | 2018

중학년

가정 통신문 시 쓰기 소동 송미경 글 | 황K 그림 | 위즈덤하우스 | 2023
까만 연필의 정체 길상효 글 | 심보영 그림 | 비룡소 | 2022
꼬마마녀 오트프리트 프로이슬러 글 | 위니 겝하르트 가일러 그림 | 백경학 옮김 | 길벗어린이 | 2005
난 타르트가 아니야 신은영 글 | 안병현 그림 | 단비어린이 | 2022
나는 3학년 2반 7번 애벌레 김원아 글 | 이주희 그림 | 창비 | 2016
달을 마셨어요 김옥 글 | 서현 그림 | 사계절 | 2010
도개울이 어때서! 황지영 글 | 애슝 그림 | 사계절 | 2020
돈이 되고 싶은 아이 조성자 글 | 주성희 그림 | 시공주니어 | 2013
라면 먹는 개 김유 글 | 김규택 그림 | 책읽는곰 | 2015
미라가 된 고양이 재클린 윌슨 글 | 닉 샤랫 그림 | 햇살과나무꾼 옮김 | 시공주니어 | 2002
마법사 똥맨 송언 글 | 김유대 그림 | 창비 | 2008
멋진 여우 씨 로알드 달 글 | 퀀틴 블레이크 그림 | 햇살과나무꾼 옮김 | 논장 | 2017
백년학교 1 황선미 글 | 김정은 그림 | 주니어김영사 | 2023
삼백이의 칠일장 1~2 천효정 글 | 최미란 그림 | 문학동네 | 2014
샬롯의 거미줄 엘윈 브룩스 화이트 글 | 가스 윌리엄즈 그림 | 김화곤 옮김 | 시공주니어 | 2018
소능력자들 1~8 김하연 글 | 송효정 그림 | 마술피리 | 2022
어느 날 구두에게 생긴 일 황선미 글 | 신지수 그림 | 비룡소 | 2014
여덟 살에서 살아남기 김미애 글 | 이미진 그림 | 바람의아이들 | 2022
욕 좀 하는 이유나 2 류재향 글 | 이덕화 그림 | 위즈덤하우스 | 2023
우주에서 온 통조림 사토 사토루 글 | 오카모토 준 그림 | 김정화 옮김 | 논장 | 2015
이야기 귀신이 와르릉와르릉 1~2 천효정 글 | 최미란 그림 | 문학동네 | 2023
일수의 탄생 유은실 글 | 서현 그림 | 비룡소 | 2013
크리스마스에는 눈꽃펑펑치킨을! 지안 글 | 도아마 그림 | 시공주니어 | 2023
탄탄동 사거리 만복전파사 김려령 글 | 조승연 그림 | 문학동네 | 2014
페르코의 마법 물감 벨라 발라즈 글 | 김지안 그림 | 햇살과나무꾼 옮김 | 사계절 | 2011
하늘 세숫대야 타고 조선에 온 외계인 나토무 송아주 글 | 허구 그림 | 도토리숲 | 2022
하늘이 딱딱했대? 신원미 글 | 애슝 그림 | 천개의바람 | 2019
호호 아줌마가 작아지는 비밀 알프 프로이센 글 | 비에른 베리 그림 | 홍연미 옮김 | 비룡소 | 2001

고학년

그 소문 들었어? 하야시 기린 글 | 쇼노 나오코 그림 | 김소연 옮김 | 천개의바람 | 2017

기호 3번 안석뽕 진형민 글 | 한지선 그림 | 창비 | 2013

노잣돈 갚기 프로젝트 김진희 글 | 손지희 그림 | 문학동네 | 2015

늑대 원더 로잔느 패리 글 | 모니카 아르미뇨 그림 | 장미란 옮김 | 북극곰 | 2021

닭인지 아닌지 생각하는 고기오 임고을 글 | 김효연 그림 | 샘터사 | 2019

모모 미하엘 엔데 지음 | 한민희 옮김 | 비룡소 | 1999

무스키 전수경 글 | 우주 그림 | 창비 | 2023

박하네 분짜 유영소 글 | 남수 그림 | 문학동네 | 2023

보물섬의 비밀 유우석 글 | 주성희 그림 | 창비 | 2015

비밀의 숲 테라비시아 캐서린 패터슨 글 | 도나 다이아몬드 그림 | 김영선 옮김 | 사파리 | 2012

빛나는 그림자가 황선미 글 | 이윤희 그림 | 시공주니어 | 2021

소리 질러, 운동장 진형민 글 | 이한솔 그림 | 창비 | 2015

숨은 신발 찾기 은영 글 | 이지은 그림 | 문학동네 | 2019

엄마가 개가 되었어요 김태호 글 | 장경혜 그림 | 서유재 | 2022

오늘도 수줍은 차마니 강인송 글 | 김정은 그림 | 문학과지성사 | 2021

오늘의 햇살 윤슬 글 | 국지승 그림 | 문학과지성사 | 2022

우리는 돈 벌러 갑니다 진형민 글 | 주성희 그림 | 창비 | 2016

우주로 가는 계단 전수경 글 | 소윤경 그림 | 창비 | 2019

잘 헤어졌어 김양미 글 | 김효은 그림 | 문학과지성사 | 2023

제후의 선택 김태호 글 | 노인경 그림 | 문학동네 | 2016

종말의 아이들 전건우, 정명섭, 최영희 글 | 안경미 그림 | 소원나무 | 2022

초코칩 쿠키, 안녕 이숙현 글 | 이명희 그림 | 창비 | 2010

트리갭의 샘물 나탈리 배비트 글 | 윤미숙 그림 | 최순희 옮김 | 오늘책 | 2023

푸른 사자 와니니 이현 글 | 오윤화 그림 | 창비 | 2015

프리스비 부인과 니임의 쥐들 로버트 C. 오브라이언 지음 | 최지현 옮김 | 보물창고 | 2021

프리워터 아미나 루크먼 도슨 지음 | 이원경 옮김 | 밝은미래 | 2023

플레이볼 이현 글 | 최민호 그림 | 한겨레아이들 | 2016

해리엇 한윤섭 글 | 서영아 그림 | 문학동네 | 2011

햇빛초 대나무 숲에 새 글이 올라왔습니다 황지영 글 | 백두리 그림 | 우리학교 | 2020

찾아보기

123
5번 레인   208, 240

ㄱ
갈림길   213
갈매기에게 나는 법을 가르쳐준 고양이   197
감추고 싶은 폴더   213
강아지 시험   133
겁보만보   57
고백 시대   186
고양이 택시   80~81, 83
고양이 택시 아프리카에 가다   84
고양이 해결사 깜냥   84
곰이 강을 따라갔을 때   154
구름사다리로 모여라   59~60
귀서가   251
그 아이를 만났어   96
그건 내 거야!   79
금두껍의 첫 수업   23, 70
금순이가 기다립니다   23, 134~135
기다려, 오백원!   133
기소영의 친구들   199~200
기억 상자   203

김란사, 왕의 비밀문서를 전하라!   224
까먹어도 될까요   24, 75
까부는 수염과 나   159
꼬미 너구리 요요   86, 90
끝없는 이야기   256

ㄴ
나, 이사 갈 거야   90
나는 마음대로 나지   112
나는 비단길로 간다   220~221, 223
나는 설탕으로 만들어지지 않았다   176
나니아 연대기   240, 244, 256
나도 예민할 거야   79
나를 위한 우르릉 쾅쾅   48
나무가 된 아이   252
나외 달타냥   197
남극곰   229
내 꿈은 조퇴   53
내 모자야   101
내 이름은 삐삐 롱스타킹   215
내 친구 윈딕시   253
내가 제일이다   79
내겐 소리로 인사해 줘   143

네모 돼지	212
노란 양동이	91
놀이터 미션	63
누가 올까?	138

ㄷ

다락방 외계인	65~68
달빛 마신 소녀	219
도토리 사용 설명서	24, 139~142
돌 씹어 먹는 아이	191
동단비 옆 동바람	143
두 발 세 발 네 발	138
뜀틀의 학교 탈출	58

ㄹ

라스트 베어	198
레기, 내 동생	122
루호	177~180

ㅁ

마녀를 잡아라	160~163
마법의 설탕 두 조각	165
마지막 레벨 업	181

마틸다	164
막손이 두부	208
맹물 옆에 콩짱 옆에 깜돌이	129, 131~132
모두 웃는 장례식	203
모두가 원하는 아이	181
몬스터 차일드	181
미소의 여왕	187, 190

ㅂ

바람을 가르다	143
반쪽짜리 초대장	90
보물섬	124~125
보물이 날아갔어	95
비누 인간	252
빨간 머리 앤	249

ㅅ

사거리 문구점의 마녀 할머니	154
사랑이 훅!	23, 182
산적의 딸 로냐	24, 215, 217
삼국유사	148
생쥐 기사 데스페로	254
생쥐처럼	101

서찰을 전하는 아이	224	열두 살의 임진왜란	224
소곤소곤 회장	24, 108	열세 살의 걷기 클럽	172
소년 탐정 칼레	219	오늘부터 배프! 베프!	117
수달 씨, 작가 되다	127	오즈의 마법사	165
슈퍼 깜장봉지	112	용기가 필요한 여름	186
시크릿 가든-초판본 비밀의 화원	176	우리 동네 전설은	153
신기한 이야기 반점	159	우리 동네에 놀러 올래?	133
신호등 특공대	150~152	우리 동네에 흑등고래가 산다	176
싸워도 돼요?	63	워터십 다운	240, 244, 255

ㅇ

ㅈ

아기장수 우투리	148	작은 아씨들	250
아빠랑 안 맞아!	118, 121	장갑	69
아이들이 줄줄이 이야기가 줄줄이	69	장화 신은 고양이	125
아테나와 아레스	204~205, 239	제주가 굼굼하우꽈?	148
이홉 살 히디	23, 49	조금 부족해도 괜찮아	112
어느 날 그 애가	186	조막만 한 조막이	74
어느 날, 정글	229	좀 웃기는 친구 두두	117
엄마 사용법	122	쥐 둔갑 타령	125, 127
에드워드 툴레인의 신기한 여행	254	지금은 여행 중	191
엘머의 모험	44~47	지붕을 달리는 아이들	24, 225
여덟 살은 울면 안 돼?	63	지퍼백 아이	155~157
여름이 반짝	203	짐 크노프와 기관사 루카스	127

ㅊ

참 다행인 하루	122
책 읽는 고양이 서꿍치	123~124, 127
첩자가 된 아이	208
첫눈 오는 날 찾아온 손님	138
초등학생 이너구	48
초원의 탐정 몽구리	117
친애하고 존경하는	209~211
칠칠단의 비밀	229

ㅋ

커다란 나무가 갖고 싶어	101
콩 하나면 되겠니?	84
콩알 아이	74
콩이네 옆집이 수상하다!	69
클로디아의 비밀	250

ㅌ

태구는 이웃들이 궁금하다	191

ㅍ

푸른 사자 와니니	246

ㅎ

하다와 황천행 돈가스	53
하룻밤	159
학교 가는 길을 개척할 거야	54
학교가 문을 닫았어요	74
학교 가기 싫은 날	58
한밤중 톰의 정원에서	218
할머니의 비행기	97~99
해리엇	234
해리포터와 마법사의 돌	243
햄릿과 나	25, 193, 195
화요일의 두꺼비	113~115
화해하기 보고서	53
흑룡을 물리친 백두공주와 백 장수	144~146
흔들다리 흔들흔들	95

초등 문해력을 키우는 인생 동화책
선생님이 직접 읽고 권하는 학년별·단계별 동화

1판 1쇄 발행 2024년 2월 8일

지은이 김진향, 김현정, 나윤주, 박미정
펴낸이 한기호
책임편집 이선진
기획 여문주
편집 서정원, 박혜리, 송원빈
본부장 연용호
마케팅 하미영
경영지원 김윤아
디자인 블랙페퍼디자인
인쇄 예림인쇄

펴낸곳 (주)학교도서관저널
출판등록 제2009-000231호(2009년 10월 15일)
주소 04029 서울시 마포구 동교로 12안길 14(서교동) 삼성빌딩 A동 3층
전화 02-322-9677
팩스 02-6918-0818
전자우편 slj9677@gmail.com
홈페이지 www.slj.co.kr

ISBN 978-89-6915-161-2 03370

ⓒ 김진향·김현정·나윤주·박미정 2024

- 이 책은 저작권법에 따라 보호를 받는 저작물이므로 무단 전재와 무단 복제를 금합니다.
- 책값은 뒤표지에 있습니다